Impressum

1229/2004

Herausgegeben vom
aid infodienst
Verbraucherschutz, Ernährung, Landwirtschaft e. V.
Friedrich-Ebert-Straße 3
53177 Bonn
Internet: http://www.aid.de
E-Mail: aid@aid.de
mit Förderung durch das
Bundesministerium für Verbraucherschutz,
Ernährung und Landwirtschaft.

Text:
Dr. Burkhard Spellerberg, Bundessortenamt,
Prüfstelle Rethmar, Hauptstraße 1,
31319 Sehnde;
Dr. Elke Idczak, Dr. Sabine Werres,
Institut für Pflanzenschutz im Gartenbau, Biologische
Bundesanstalt für Land- und Forstwirtschaft,
Messeweg 11/12, 38104 Braunschweig;
Dr. Joachim Dalchow,
Hessisches Landesamt für Ernährung,
Landwirtschaft und Landentwicklung,
Pflanzenschutzdienst,
Friedrich-Wilhelm-von-Steuben-Str. 2,
60487 Frankfurt a. M.;
Susanne Haslage, Bundessortenamt,
Rethmar; Hans Möller, Barmstedt;
Diplomgärtner Peter Menzel,
53489 Sinzig-Bad Bodendorf

Redaktion:
Dipl.-Ing. agr. Wilfried Henke, aid

Bilder:
Nachweis auf Seite 131

Layout, Realisation:
SCHWIND.Werbeagentur,
Siebengebirgsblick 22, 53343 Wachtberg

Druck:
Moeker Merkur GmbH,
Niehler Gürtel 102, 50733 Köln

Nachdruck – auch auszugsweise – sowie
Weitergabe mit Zusätzen, Aufdrucken
oder Aufklebern nur mit Genehmigung
des aid gestattet.

2., überarbeitete Auflage

ISBN 3-8308-0442-3

Inhalt

Einführung	
Wo wachsen Rosen besonders gut?	6
Kriterien beim Rosenkauf	
Auswahl des Pflanzenmaterials	7
Qualität der Pflanzen	12
Pflanzung	12
Bodenpflege	15
Bewässerung	15
Winterschutz	15
Düngung	17
Schnitt	
Frühjahrsschnitt	18
Sommerschnitt	19
Schnitt bei Kletterrosen	19
Kombination mit anderen Pflanzenarten	20
Krankheiten, Schädlinge und Pflanzenschutz	21
Sorten, die gegen Pilzkrankheiten widerstandsfähig sind	30
Beetrosen	32
Kleinstrauchrosen	50
Edelrosen	70
Strauchrosen	90
Rosa rugosa-ähnliche Sorten	108
Kletterrosen	112
ADR - Allgemeine Deutsche Rosenneuheitenprüfung	120
Rosarien, Rosengärten, Rosenanlagen, Rosendörfer	121
Alphabetisches Sortenregister	125

Hotline für Leseranfragen

Haben Sie Schwierigkeiten bei der Beschaffung einer
bestimmten Rosensorte?
Stimmen die Angaben aus den Sortenauflistungen
dieses Heftes nicht mit Ihren Erfahrungen überein?
Der Autor Dr. Burkhard Spellerberg bietet Ihnen hierzu
einen besonderen Service. Bitte wenden Sie sich an:

    Dr. Burkhard Spellerberg,
    Blücherstraße 27, 31303 Burgdorf
    Tel. 05136 5237, E-Mail: info@spelli.de,
    tagsüber siehe Anschrift Rosengarten
    Rethmar auf Seite 124

Einführung

Mit Rosen lassen sich vielfältige Lebens- und Ruheräume gestalten.

Rosen findet man in allen Gebieten der nördlich-gemäßigten Breiten und in tropischen Gebirgen. Die Schönheit der Rosenblüten erfreute die Menschen schon im Altertum. Rosenbeete in mittelalterlichen Klostergärten weisen darauf hin, dass diese Pflanzen auch zu Heilzwecken gebraucht wurden. In späterer Zeit wurden sie in Schloss- und Herrschaftsgärten, danach auch im Bauerngarten kultiviert. Um 1900 hielt die Rose in Deutschland Einzug in öffentliche Parks.

Rosen sind bei vielen Gartenbesitzern beliebt und werden von Kennern und Liebhabern wegen ihrer ansprechenden Blütenfarben, dekorativen Blüten- und Wuchsformen und ihrem zarten oder intensiven Duft geschätzt. Duftrosen sind wie Poesie. Ein Rosenstrauß verführt stets zur Freude und erheitert das Gemüt.
Bekannt ist die Bedeutung von Hagebutten und Blütenblättern für gesundheitsfördernde, kulinarische und kosmetische Zwecke. Hagebuttentees sind sehr beliebt. Duftrosen wurden schon in der Frühgeschichte zur Rosenölgewinnung verwendet. Die Früchte lassen sich gut zur Herstellung von Gelee verwenden. Kaum eine andere Pflanzenart zeigt eine so große Formen- und Farbenvielfalt wie die Rose. Die Züchtung hat neue Sorten geschaffen, die widerstandsfähiger gegen pilzliche Krankheiten sind und deshalb ohne oder mit geringem Pflanzenschutzmitteleinsatz prächtig gedeihen. Die Rose ist aus der Pflanzengemeinschaft im Haus- oder Kleingarten nicht mehr wegzudenken. In der Gestaltung des öffentlichen Grüns nehmen Rosen einen festen Platz ein.

Baumschulbetriebe bieten ein breites Rosensortiment für jeden Verwendungsbereich an.

Die Rose ist ein Teil des „Lebensraumes Garten", einem Ökosystem, in dem Pflanzen und Tiere in engen Beziehungen miteinander leben. Bestachelte Rosensträucher bieten Schutz und Nahrung (Hagebuttenfrüchte) für Vögel und andere Tiere. Die Rosenblüten locken Nektarsucher und Bestäuber wie Bienen, Hummeln, Schwebfliegen und Schlupfwespen über eine lange Blütezeit hin an und geben ihnen Nahrung.

↑ *Hagebutten als Nahrungsspender*

↑ *„Bonica 82", eine vielseitig zu verwendende Sorte, die sich auch als Ausgangssorte für viele Neuzüchtungen bewährt hat*

Zu dieser natürlichen Lebensgemeinschaft gehören jedoch auch Organismen, die Pflanzen unter bestimmten Bedingungen schädigen können. Wie stark ein Schadorganismus, z. B. ein Pilz, eine Pflanze schädigen kann, hängt von zahlreichen Faktoren ab. Hierzu zählen beispielsweise das Klima mit Luftfeuchte, Temperatur, Sonnenlicht und Windbewegung im Pflanzenbestand sowie die Widerstandsfähigkeit der Pflanze und die Wechselwirkungen zwischen Schädlingen und Nützlingen.

Richtige Standortwahl und Verwendung widerstandsfähiger Sorten sind die wichtigsten Voraussetzungen für ein gutes Wachstum der Pflanzen. Der Gartenbesitzer selbst kann durch geeignete Pflegemaßnahmen wie Rückschnitt, bedarfsgerechte Ernährung und geeigneten Winterschutz die Wuchskraft und Widerstandsfähigkeit der Pflanzen erhöhen, sodass eine Rosensorte sich voll entfalten kann. Der Befall mit Schädlingen bzw. Krankheiten wird erschwert und Nützlinge haben bessere Lebensbedingungen.

Das vorliegende Heft gibt dem Rosenfreund Anregungen zur Sortenwahl und zu einer „gesunden Kulturführung" seiner Pflanzen. Anschließend werden einige wichtige Rosenkrankheiten und -schädlinge erläutert. Informationen zur Allgemeinen Deutschen Rosenneuheitenprüfung (ADR) runden die Informationen ab. In dieser Prüfung werden Rosenneuheiten mehrjährig an 11 Prüforten in Deutschland geprüft, um den Verwendungswert der Neuzüchtungen unter verschiedenen Standortbedingungen zu ermitteln. Die besten Sorten werden mit dem „ADR-Zeichen" ausgezeichnet.

← *Eine Vielzahl von Kreuzungen mit unterschiedlichen Partnern ist zur Neuzüchtung einer Rosensorte notwendig. Etwa 7 Jahre vergehen von der ersten Kreuzung bis zur Markteinführung.*

„Focus", eine neue Edelrosensorte mit hoher Widerstandsfähigkeit

Wo wachsen Rosen besonders gut?

Der richtige Standort ist die wichtigste Voraussetzung für die beste Entwicklung der Rosenpflanzen. Gute Sorteneigenschaften können sich so am besten zeigen.
Rosen lieben Licht und Luft. An sonnigen Standorten entfalten sie ihre Blütenpracht besser als in schattigen Bereichen. Gesunde Pflanzen entwickeln sich am besten an luftigen Standorten. Unter überhängenden Bäumen oder Sträuchern sollten keine Rosen gepflanzt werden. Wenige Sorten eignen sich für den halbschattigen Standort. Rosen lieben Wärme. Im Schutz von Hecken oder Mauern gedeihen sie, wenn der richtige Abstand gewahrt bleibt. Kletterrosen benötigen für einen zufrieden stellenden Wuchs ein Stützgerüst.
Bei allen Rosensorten ist für ein gutes Gedeihen ein humusreicher, tiefgründiger Boden Voraussetzung, wobei der pH-Wert zwischen 6.4 und 7.5 liegen sollte.

Ein Boden, auf dem mehrere Jahre lang Rosen gestanden haben, ist für Neuanpflanzungen nur dann geeignet, wenn er ausgetauscht oder wenigstens tiefgründig durch Einarbeiten von Kompost, Humussubstrat oder Mutterboden verbessert wird.
Standorte, die Staunässe zeigen oder verdichtet sind, eignen sich nicht für eine Rosenanpflanzung. Insbesondere bei Anpflanzungen in Neubaugebieten ist oft zu beobachten, dass die verdichteten Böden zu einem Kümmerwuchs der Pflanzen führen. Die aufgebrachte Mutterbodenschicht ist zu dünn, und eine luftdurchlässige Verbindung mit dem Unterboden ist nicht gegeben. Bodenverbesserungen durch das Aufbringen von genügend Mutterboden und organischer Substanz sowie tiefgründige Bodenlockerung sind vor einer Pflanzung unbedingt notwendig, damit die Pflanzen gut wachsen können.

↑ *„Heidetraum", eine vielseitig zu verwendende Rose mit höchster Widerstandsfähigkeit*

Kriterien beim Rosenkauf

Auswahl des Pflanzenmaterials

Das Sortenspektrum der Gartenrosen ist mannigfaltig. Es variiert von Wildrosenabkömmlingen über edle alte und neue Züchtungen bis zu den heutigen widerstandsfähigen Neuzüchtungen, die einen geringen Pflegeaufwand erfordern. Die neuen Sorten sind so widerstandsfähig, dass ein Pflanzenschutzmitteleinsatz oftmals entbehrlich ist. Blütenreichtum, gute Selbstreinigung nach der Blüte (Abfallen der Blütenblätter) und guter Durchtrieb vor der zweiten Blüte verringern den Sommerschnittaufwand. Baumschulen halten Sorten mit verschiedensten Wuchs- und Blütenformen in fast allen Farben, mit einfachen oder gefüllten Blüten und mit vielen Duftnuancen bereit.

Das Rosensortiment kann nach Wuchshöhe und -breite, Wuchsform, Dichte und Triebhaltung in die Gruppen **Beetrose, Kleinstrauchrose, Edelrose, Kletterrose** und **bodendeckende Rose** unterteilt werden. Die früher übliche Zuordnung bestimmter Rosen als Polyantharose (Blütenstände vielblütig), Floribundarose (Blütenstände mit mehreren Blüten) oder Teehybride (einzelblütig, Blüten an langen Stielen) ist kaum mehr möglich, da die Züchtung viele Zwischenformen hervorgebracht hat.

Beetrosen

Niedrigbuschiger, aufrechter Wuchs, bis ca. 80 cm hoch, teils höher, Blütenstände vielblütig, reich blühend, Blüten in mehreren Schüben vom Sommer bis Herbst, früher als Polyantha- und Floribundarosen bezeichnet.

↑ „Fortuna", eine Beetrose mit hoher Widerstandsfähigkeit gegen Krankheiten

Kleinstrauchrose, bodendeckende Rosen

Form zwischen Beet- und Strauchrose, ca. 80 bis 120 cm hoch, Blüte in mehreren Schüben von Sommer bis Herbst, Wuchsform auch breitbuschig und flachbuschig, reich blühend. Blütenstände polyantha-, floribunda- oder teehybridartig, besonders für Gruppenpflanzungen mit anderen Arten oder flächige Anlagen sowie Rosenhecken geeignet. Viele Neuzüchtungen lassen sich dieser Rosengruppe zuordnen. Sie werden gelegentlich als Bodendecker bezeichnet, wobei die bodendeckende Wirkung durch eine Engpflanzung erreicht werden kann.
Nur wenige Sorten wie „Immensee" oder „Max Graf" können als echte „Bodendeckerrosen" bezeichnet werden.
Die echten Bodendeckerrosensorten benötigen allerdings einen weiten Standraum, der oft im kleinen Garten nicht gegeben ist.

↑ „La Sevillana", eine robuste Kleinstrauchrose

↑ „Ambiente", eine neue Edelrose mit hoher Widerstandsfähigkeit

Strauchrosen

Aufrecht oder breitbuschig wachsend, bis 200 cm und höher werdend, einfach oder gefüllt blühend, reich blühend, teils in mehreren Schüben bis zum Herbst, teils mit einer langen Sommerblüte blühend, Blütenstände in Büscheln, Dolden oder edelrosenähnlich. Pflanzung in Gruppen oder einzeln, besonders in Kombination mit Stauden, Gräsern und Gehölzen. Zu dieser Gruppe gehören auch Sorten, die von der Kartoffelrose (Rosa rugosa) abstammen und die insbesondere mit dem Trend zum naturnahen Garten zunehmend züchterisch bearbeitet und verwendet werden.

Edelrosen

Blütenstände mit teehybridähnlichen, edlen, großen Einzelblüten an langen Stielen, halb bis stark gefüllt. Pflanzen aufrecht, bis ca. 120 cm hoch, reich blühend, Schnittrose, vom Sommer bis Herbst in herrlichen Farben blühend, oft duftend, früher als Teehybride bezeichnet, Pflanzung in Beeten oder Schnittrosenrabatten. Eine Edelrose ist eine echte „Königin der Blumen".

↑ „Centenaire de Lourdes", eine bewährte, duftende Strauchrose mit hoher Widerstandsfähigkeit

Kletterrosen

Rosensträucher mit ca. 2 bis 4 m langen Trieben, die an einem Stützgerüst breit wachsend oder im Bogen wachsend gezogen werden, Blüten einfach, halb oder stark gefüllt, Blütenstände in Büscheln, Dolden oder edelrosenähnlich, in mehreren Schüben bis zum Herbst blühend oder mit langer Sommerblüte. Nicht in Vergessenheit geraten dürfen hier altbekannte „Climbing Varieties" oder „Rambler" wie „Bobby James", die einmal blühen und bei voller Entfaltung klassische Rosenromantik zeigen.

↑ „Flammentanz", eine einmal, aber lang blühende Kletterrose mit sehr hoher Widerstandsfähigkeit

Die „englische Rose" und der „Rambler"

Mit dem Begriff „englische Rose" wird die optimale Kombination von Duft, Blütenfülle, schöner Blütenform und sanften Farben wie Gelb oder Orangegelb, aber auch „schweren Farbtönen" wie Violett oder auch Karminrot verbunden. Die Gruppe der englischen Rosen stellt keine eigentliche Rosenklasse dar, jedoch werden damit die zuvor genannten Merkmale und auch der englische Züchter David Austin und sein Lebenswerk verbunden. Vom Züchter Austin gibt es mittlerweile eine Vielzahl wunderschöner Sorten, die jedoch nicht alle eine hohe Gesundheit aufweisen. Die „englischen Rosen" zeigen sich durch ein üppiges Wachstum, sodass sie hinsichtlich ihrer Verwendung zwischen Beetrosen und Strauchrosen eingeordnet werden müssen. Auch andere Züchterhäuser bieten nun diese Schönheiten an, sodass eine „englische Rose" durchaus aus Deutschland, Frankreich oder auch anderen Ländern stammen kann. Mit der Abkehr von Pflanzenschutzmittelmaßnahmen stehen bereits einige widerstandsfähige Sorten zur Verfügung, jedoch liegen sichere Erkenntnisse dazu erst nach weiteren Anbaujahren vor. Von den bekannten Sorten Austins sind die Strauchrose „Graham Thomas" und die wunderschöne einmalblühende Kletterrose „Constance Spry" in dieser Broschüre als Sorten mit mittlerer bis hoher Widerstandsfähigkeit aufgeführt.
Wünschenswert wäre eine stärkere Verbreitung dieser Rosengruppe, daher lohnt sich ein intensives Studium der Rosenkataloge und der Literatur.

„Englische Rose", „Graham Thomas"

Rambler-Rose

Auch aus dem Englischen stammt der Begriff der „Rambler". Unter einem Rambler wird eine einmal blühende Kletterrose verstanden, die sehr wuchsstark ist und durchaus Laubbäume und Nadelbäume erklimmen kann.
Der Triebzuwachs kann je nach Sorte bis zu 5 m betragen.
Am bekanntesten sind Sorten wie „Bobby James" und „Rambling Rector" (beide einmal und einfach blühend), jedoch könnte auch die Sorte „Flammentanz" wegen ihres Kletter- und Blühverhaltens als Rambler bezeichnet werden.

„Rambling Rector", eine weitverbreitete Rambler-Rose

Qualität der Pflanzen

Beim Kauf der Rosenpflanzen sollte beachtet werden, dass die Triebe grün sind und die Rinde glatt ist. Das Holz sollte gut ausgereift sein und keine Bruchstellen und Rindenverletzung aufweisen. Der Wurzelbereich darf nicht angetrocknet oder gar ausgetrocknet sein. Bestens bewährt haben sich Containerrosen, d. h. getopfte Pflanzen mit einem Wurzelballen.
Ein kräftiges, gut verzweigtes Wurzelsystem ist eine wichtige Voraussetzung für gutes An- und Weiterwachsen.
In der Regel werden Rosen in zwei Güteklassen angeboten (nach den Gütebestimmungen des Bundes deutscher Baumschulen, BdB). In der Güteklasse A müssen die Pflanzen mindestens drei Triebe aufweisen, mindestens zwei Triebe müssen aus der Veredlungsstelle kommen, während der dritte Trieb bis 5 cm darüber wachsen darf.
In der Güteklasse B weisen die Pflanzen zwei Triebe auf, die aus der Veredlungsstelle entspringen müssen. Viele Sorten werden auch wurzelecht angeboten, d. h., die Pflanzen stehen auf eigener Wurzel, sodass keine Veredlung erforderlich war. Die so vermehrten Pflanzen können keine Wildtriebe bilden. Wurzelechte Pflanzen werden fast ausschließlich als getopfte Pflanzen angeboten.

Pflanzung

Damit die neue Rosenpflanze gleich einen guten Start hat, sollte sie bevorzugt im Herbst gepflanzt werden. Der Boden darf nicht gefroren sein. Die beste Pflanzzeit für wurzelnackte Rosen (keine Containerpflanze, kein Wurzelballen) ist Oktober bis Ende November. Eine Pflanzung im Frühjahr ist durchaus möglich, jedoch wachsen im Herbst gepflanzte Rosen im Folgejahr kräftiger. Bei Pflanzen mit freier Wurzel ist vor der Pflanzung ein mehrstündiges Wässern der Pflanzen notwendig, bei dem die Pflanzen (bis zur Veredlungsstelle eingetaucht) in einem mit Wasser gefüllten Gefäß belassen werden.
Rosen aus Containern werden bei frostfreiem Boden vom Frühjahr bis Winterbeginn gepflanzt.

Die Pflanzabstände richten sich nach dem Rosentyp sowie der Höhe und Breite der Sorte im ausgewachsenen Zustand.
Rosen für eine bodendeckende Bepflanzung werden dichter gepflanzt. Beim Pflanzabstand ist auch zu beachten, ob die Rosen zusammen mit anderen Pflanzenarten wie Stauden in einer Pflanzengemeinschaft wachsen sollen.
Dekorativ sind einzeln stehende oder in Dreiergruppen stehende Strauchrosen. Die Farben von Beetrosen kommen besonders in einer dichteren Beetanpflanzung zur Geltung. Kletterrosen begnügen sich mit einem engen Wurzelraum, brauchen aber für die volle Entfaltung der Blütentriebe Platz. Bei den vielfältig zu verwendenden Kleinstrauchrosen mit überhängendem Wuchs lässt sich ein Pflanzabstand kaum allgemein angeben.
Kräftig wachsende Strauchrosen eignen sich bestens für Einzelstellungen und können dann ihre volle Blütenpracht zeigen.

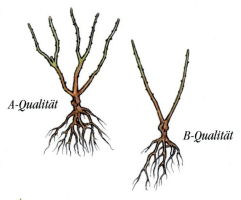

A-Qualität *B-Qualität*

↑ *Güteklassen für Rosenpflanzen*

Folgende Pflanzabstände sind, je nach Wuchsstärke der jeweiligen Sorte, zu empfehlen:

Gruppe	Pflanzabstand
Beet-, Kleinstrauch- und Edelrosen	30 bis 60 cm
Strauchrosen (in Gruppen)	80 bis 120 cm
Kletterrosen (in Reihen)	120 bis 200 cm
Solitärpflanzen (überwiegend Strauchrosen)	ab 250 cm

Eine Bodenverbesserung vor der Pflanzung ist besonders auf schweren Böden oder bei der Erstbepflanzung von Neubaugärten zu empfehlen. Alle Bodenschichten müssen gut gelockert und wasserdurchlässig sein. Gerade bei der Bepflanzung nach Baumaßnahmen kann der Boden durch schwere Baumaschinen verdichtet sein. Meist ist hier eine etwa 40 cm tiefe Lockerung des Unter- und Oberbodens mit Beseitigung von Verunreinigungen erforderlich. Auch Wurzelunkräuter (z. B. Giersch, Quecke und Winde) sollten entfernt werden.

Danach ist die tiefe und gleichmäßige Einarbeitung einer Kompostgabe (z. B. selbst hergestellter Kompost oder Rindensubstrat) zu empfehlen. Sinnvoll ist unter Umständen eine Kalkung des Bodens auf der Grundlage einer pH-Wert-Untersuchung, die sehr preiswert durchgeführt werden kann. Ein optimaler pH-Wert liegt bei Rosen im Bereich von 6,4 bis 7,5. In Gartenböden liegt der pH-Wert oft im oberen Bereich oder darüber. Bei zu hohen pH-Werten kann das Spurenelement Eisen kaum mehr von den Pflanzen aufgenommen werden.
Dies hat zur Folge, dass die Pflanzen dann Blattchlorosen (gelbliche Blätter) aufweisen. Auch bei Staunässe treten diese Blattchlorosen oft auf. Eine Bodenverbesserung durch die Einsaat von Gründüngungspflanzen ist dann sinnvoll, wenn zwischen Bodenvorbereitung und Pflanzung mindestens eine Vegetationsperiode liegt. Die Einsaat mit Pflanzen wie Lupine, Bienenfreund (Phacelia) oder Gelbsenf erfolgt im zeitigen Sommer. Rechtzeitig zum Herbst muss der Pflanzenaufwuchs gemäht und gemulcht werden, damit das zerkleinerte Grünmaterial leicht untergegraben werden kann. Die Zwischensaat ist sicherlich sinnvoll für die Bodenverbesserung, erfordert jedoch beim Mulchen und Einarbeiten eine beträchtliche körperliche Anstrengung.

← *Vor der Wiederbepflanzung von Rosenstandorten können die gefürchteten „Nematoden" durch die Pflanzung von Tagetes biologisch reduziert werden.*

So pflanzen Sie richtig:

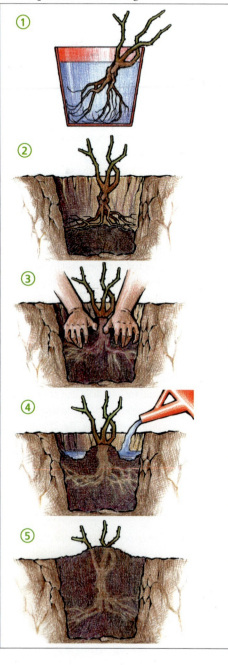

① Vor dem Pflanzen sollten die Rosen mindestens zwei Stunden gewässert werden.

② Das Pflanzloch soll so tief ausgehoben werden, dass die Pflanze bis zum Ansatz der Triebverzweigung hineinpasst. Die Pflanzen müssen sich auf dem Boden des Pflanzloches gut ausbreiten können. Die Veredelungsstelle am Wurzelhals sollte ca. drei Finger breit (5 cm) unter der Bodenoberfläche liegen. Vor dem Pflanzen beschädigte oder zu lange Wurzeln mit der Schere oder mit einem scharfen Messer einkürzen. Die Schnittfläche soll nach unten zeigen.

③ ④ So viel Erde einfüllen, bis das Pflanzloch locker gefüllt ist, und festdrücken oder festtreten. Um die Pflanze herum sollte eine flache Mulde als Gießrand entstehen. Die Mulde vorsichtig mit Wasser füllen, bis es überzulaufen beginnt. Gegebenenfalls mehrmals wiederholen. Die Wurzeln müssen gut eingeschlämmt sein, jedoch sollte der Wurzelraum danach nicht ständig unter Wasser gesetzt sein und nicht festgestampft werden.

⑤ Um die Pflanzen vor Austrocknung, Sonne und Wind zu schützen, sollten die oberirdischen Triebe nach dem Pflanzen angehäufelt werden.

Bodenpflege

Als Bodenpflege während der Vegetation empfiehlt sich im ersten Kulturjahr eine regelmäßige Bodenlockerung und Unkrautbekämpfung durch Jäten bzw. Hacken.

Nachdem die Pflanzen gut angewachsen und kräftig geworden sind, kann der Boden im zweiten Jahr mit Mulchmaterial abgedeckt werden. Die Mulchschicht verhindert den Unkrautwuchs und das Austrocknen des Bodens. Geeignet ist hierzu z. B. Rindenmulch oder fein geschreddertes, noch frisches organisches Material, z. B. Strauchwerk. Auf den Einsatz von Unkrautbekämpfungsmitteln (Herbiziden) ist im Haus- und Kleingarten zu verzichten (Rechtslage beachten).

Bewässerung

Die Bewässerung der Rosen ist im Allgemeinen nur bei lang anhaltender Trockenheit im Hochsommer notwendig. Beim Gießen ist ein Benetzen der Blätter zu vermeiden, da dies das Ausbreiten von Pflanzenkrankheiten begünstigen kann.

Winterschutz

In rauen Klimalagen ist Winterschutz durch das Anhäufeln der Rosen im Herbst (Ende November bis Anfang Dezember) unerlässlich, damit die Pflanzenbasis bis zu einer Höhe von ca. 15 cm vor Frost und zu starken Temperaturschwankungen an sonnigen Winter- und Vorfrühlingstagen geschützt ist.

▼ *Kompostmulch bei Rosen*

▼ *Frostschutz durch Schnee, sicherer ist aber ein Anhäufeln und Abdecken mit Nadelholzzweigen, wenn strenge Fröste zu erwarten sind.*

Dreierstämmchen vom Sommer bis zum Winter; die Veredlung ist so vor dem strengsten Frost geschützt.

← Ein guter
Frostschu

Blütenpracht im Sommer

Doppelt hält besser und ist ansehnlicher.

Leichtes Einkürzen der überlangen Triebe

← Verstärkt
Winte
schutz n
Schneehau

Beet-, Kleinstrauchrosen und Strauchrosen können bei Frostgefahr mit Nadelholzzweigen abgedeckt werden. Hierzu sollte bereits im Spätherbst ein mäßiger Rückschnitt der Rosensträucher vorgenommen werden, damit ein kleineres Pflanzenvolumen entsteht, das leichter abzudecken ist.

Abdecken der Rosen mit Nadelholzzweigen

Bei **Stammrosen** sollten die Kronentriebe zusammengebunden und z. B. mit Fichtenzweigen geschützt werden. Der verdickte Veredlungsknoten unterhalb der Krone wird z. B. mit einem Stück Vlies oder mit Holzwolle umgeben und gegen Nässe geschützt. Oft ist zu beobachten, dass die Stämmchenkrone mit einer Kunststofftüte geschützt wird. Dieser Schutz gegen Wind und Nässe ist aber nur dann sinnvoll, wenn die Kunststoffhülle mit ausreichend Löchern versehen wird, sodass ein Feuchte- und Wärmestau vermieden wird. Besser – und vor allen Dingen ansehnlicher – ist ein Schutz mit natürlichen Materialien. Ein bewährter Winterschutz ist das Herunterbiegen der Stämmchen und eine Abdeckung mit Tannenreisig oder Laub gegen Frost.

Diese Methode ist aber nur mit großer Vorsicht anzuwenden, da die Stämmchen leicht brechen können.

Triebe von Kletterrosen können bei lang anhaltenden Frösten und starker Wintersonne mit Fichtenreisigzweigen geschützt werden, die zwischen die Triebe gesteckt oder mit Bindemitteln befestigt werden.

Düngung

Rosen können ihre Eigenschaften nur dann voll entfalten, wenn sie bei Wachstumsbeginn und während der Wachstumsphase ausreichend mit Nährstoffen versorgt sind. Im Frühjahr ist eine leichte Stickstoffgabe erst dann zu geben, wenn der Neutrieb deutlich sichtbar ist. Eine zu frühe Gabe kann wegen ungünstiger Bodentemperaturen von den Mikroorganismen nicht umgewandelt und von der Pflanze auch nicht aufgenommen werden. Als vorteilhaft und umweltschonend haben sich langsam fließende Mehrnährstoffdünger erwiesen, die auch die Pflanze bis zum Frühsommer hin mit Nährstoffen versorgen. Langsam fließende Dünger, die neben Stickstoff auch andere Nährstoffe enthalten, und schnell wirkende mineralische Dünger oder Flüssigdünger sollten stets bedarfsgerecht dosiert werden. Im privaten Garten sind oft die handelsüblichen Volldünger (z. B. Blaukorn) am einfachsten anzuwenden. Sie weisen neben einem hohen Stickstoffanteil auch ausgewogene Anteile der übrigen Nährelemente wie P, K und Mg sowie Spurenelemente auf. Am sinnvollsten ist es, vor der Düngung eine Bodenanalyse durchführen zu lassen. Bodenanalysen führen Landwirtschaftskammern, landwirtschaftliche Untersuchungs- und Forschungsanstalten (LUFA) gegen eine geringe Gebühr durch.
Organische Düngung kann entweder mit ausgereiftem Kompost oder mit organischen Fertigdüngern (nach Gebrauchsanweisung) sowie mit Hornspänen nach Bodenuntersuchungen und Knochenmehl vorgenommen werden.

Schnitt

Frühjahrsschnitt

Am wichtigsten und ziemlich einfach durchzuführen ist der Rückschnitt vor dem Austrieb im Frühjahr. Vor dem Knospenschwellen werden die zurückgetrockneten oder zurückgefrorenen Triebe mit der Schere weggeschnitten, wenn kein stärkerer Frost mehr zu befürchten ist. Zudem kann bei zu kräftig gewachsenen Sorten ein Korrekturschnitt vorgenommen werden, indem der Strauch ausgelichtet wird. Pflanzenhöhe und -breite können so einfach reguliert werden. Kleinstrauchrosen, Strauchrosen, Sorten für bodendeckende Bepflanzung und Sorten von Rosa rugosa zeigen nach kräftigem Rückschnitt üppiges Wachstum und reichhaltige Blüte. Zudem stärkt ein kräftiger Rückschnitt die Gesundheit der Pflanzen.

Einige Sorten wie z. B. „Weiße Immensee" blühen am vorjährigen Holz, sodass ein Einkürzen im Frühjahr eine deutlich verringerte Blüte im Sommer zur Folge hat.
Der gelegentlich noch durchgeführte Rückschnitt vor der Winterruhe ist nicht empfehlenswert, da die eingekürzten Triebe in einem strengen Winter noch weiter zurückfrieren können und dann ein zweiter Rückschritt zusätzlich im Frühjahr erforderlich ist. Vor dem Winter ist allenfalls ein leichtes Schneiden sinnvoll, um das Pflanzenvolumen zu begrenzen.

Wildrosen sollten nicht jährlich geschnitten werden, um den Hagebuttenansatz zu erhalten. Allerdings ist bei stark wachsenden Sorten je nach Standraum ein raumbegrenzender Schnitt manchmal erforderlich. Für den Rosenschnitt gilt grundsätzlich: starke Triebe weniger tief zurückschneiden als schwache. Beim Schnitt sollte darauf geachtet werden, dass die kräftigen Triebe bzw. Augen unterhalb des Schnittes möglichst nach außen zeigen.

Der Schnitt sollte nicht zu hoch über dem Auge (1), nicht mit unsauberer Schnittfläche (2) oder zu nah am Auge (3) erfolgen.

Die Triebe werden mit einer scharfen Schere ca. 1/2 cm oberhalb des nach außen zeigenden Auges (Triebknospe) mit einem glatten Schnitt gekürzt.

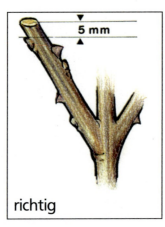

richtig

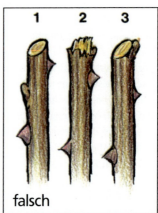

falsch

Sommerschnitt

Während im öffentlichen Grün der Sommerschnitt aus Kostengründen kaum noch durchgeführt werden kann, lässt sich durch diesen Korrekturschnitt im Privatgarten eine erstaunliche Wachstumssteigerung und Pflanzenentfaltung erreichen. In den Sommermonaten sollen die verblühten Blüten entfernt werden.
Blütenstände werden nach der Abblüte ganz entfernt. Es wird so wenig Laub wie möglich weggeschnitten, um der Pflanze ausreichend Assimilationsfläche für den neuen Blütenaustrieb zu erhalten. Die Wegnahme von verblühten Trieben verringert den Krankheitsbefall und fördert den Austrieb der nachgeordneten Blatt- und Blütenknospen. Zudem wird durch den Sommerschnitt der Hagebuttenansatz reduziert, sodass ein reichlicher Blütenansatz mit der Folgeblüte zu erwarten ist. Alle Rosenklassen zeigen nach einem maßvollen Sommerschnitt eine verbesserte Pflanzenentwicklung.

Schnitt bei Kletterrosen

Kletterrosen werden in der Regel langwachsend belassen. An einem Rank- oder Klettergerüst sollen die Pflanzen drei bis fünf kräftige Gerüsttriebe entwickeln, an denen sich Blütentriebe bilden. Diese werden nach dem Winter ausgeglichtet oder auch eingekürzt. Schwache, dünne, zu dicht stehende oder vergreiste Triebe werden bis zur Basis ganz entfernt. Insbesondere bei den Kletterrosen zeigt sich, dass ein regelmäßiger Formierungs- und Auslichtungsschnitt Wuchskraft und Blütenbildung sehr gut fördern kann.

Vorbeugen gegen Krankheiten

↑ *vorher*

↑ *nachher*

Auskneifen fast verblühter Blüten verhindert die Ausbreitung von Schimmelpilzen und erhält die Reichblütigkeit.

Kombination mit anderen Pflanzenarten

Rosen lassen sich bei der Gartengestaltung gut mit anderen Pflanzen kombinieren. Geeignet sind hierzu besonders Gräser, Stauden und Gehölze. Beispiele sind in der einschlägigen Rosenliteratur behandelt.

Grundsätzlich ist dabei für Rosen und Begleitpflanzen genügend Platz vorzusehen, d. h., Wuchshöhe und -breite der Arten und Sorten im ausgewachsenen Zustand sind einzukalkulieren. Die Begleitpflanzen sollten neben den Rosen oder um sie herum, aber nicht unter und über ihnen angeordnet werden.

Einige Tipps zur Pflege bestehender Rosenpflanzungen

Wenn benachbarte Gehölze durch Zuwachs den Standort beschatten, sollten Sie durch Auslichten für mehr Sonne und Luftbewegung sorgen.

Sind Wuchsleistung und Flor nicht mehr zufrieden stellend, sollten Sie im Februar/März einen starken Rückschnitt durchführen und die Pflanzen mit Dünger, z. B. einem langsam wirkenden Stickstoffdünger nach entsprechender Gebrauchsanleitung, versorgen.

Nicht überdüngen! Eine Bodenuntersuchung hilft, Düngungsfehler zu vermeiden!

Krankheiten, Schädlinge und Pflanzenschutz

Auf den folgenden Seiten finden Sie Abbildungen zu einigen wichtigen Rosenkrankheiten und -schädlingen sowie Hinweise zu vorbeugenden und befallsmindernden nichtchemischen Verfahren.

Da Haus- und Kleingärten zu den gärtnerisch genutzten Flächen gezählt werden, können in diesem Bereich grundsätzlich Pflanzenschutzmittel angewendet werden. Laut Pflanzenschutzgesetz dürfen im Haus- und Kleingarten aber nur solche Pflanzenschutzmittel eingesetzt werden, die ausdrücklich für diesen Bereich zugelassen und auf dem Behältnis bzw. auf der Packung mit dem Hinweis „Anwendung im Haus- und Kleingarten zulässig" gekennzeichnet sind. In einigen Bundesländern bestehen darüber hinausgehende Einschränkungen.

Alle Pflanzenschutzmittel dürfen nur entsprechend der Gebrauchsanleitung angewendet werden. Das heißt, ein Präparat darf nur gegen die auf dem Behältnis bzw. auf der Packung angegebenen Schadorganismen in den genannten Kulturen und nur mit den dort angegebenen Aufwandmengen eingesetzt werden.

Ein Mittel, das zum Beispiel gegen Echten Mehltau an Apfel ausgewiesen ist, darf weder gegen Echten Mehltau an anderen Kulturen (wie zum Beispiel Rosen) noch gegen einen anderen Schadorganismus (auch nicht an Apfel!) eingesetzt werden.

Eine Liste der zugelassenen Pflanzenschutzmittel kann unter **http://www.bba.de/** eingesehen werden.

Auskunft über den Einsatz von chemischen Pflanzenschutzmitteln im Haus- und Kleingarten erteilen die amtlichen Pflanzenschutzdienststellen.

Chemische Pflanzenschutzmittel sollten grundsätzlich nur dann angewendet werden, wenn die genannten nichtchemischen Möglichkeiten ausgeschöpft worden sind und ein nachhaltiger Schaden am Bestand zu befürchten ist. Der Rosenfreund sollte wissen, dass manche Pflanzenschutzmittel nicht von allen Rosensorten gleich gut vertragen werden.

Krankheiten, Schädlinge und Pflanzenschutz

Nachbauschäden

Schadbild

Wachstumsstockung, die Pflanzen kümmern, Blattfarbe stumpf, nur wenige Blüten.

Pilzliche Erkrankungen

Echter Mehltau

Weißer Belag auf Blättern, Knospen und Triebspitzen, gelegentlich auch auf Blütenblättern. Blätter rollen sich zum Teil ein.

Sternrußtau

Dunkelbraune, z. T. samtartige unregelmäßig begrenzte Flecke auf der Blattoberseite erkrankter Blätter. Erkrankte Blätter vergilben und fallen ab. Starker Befall kann zu vollständiger Entlaubung führen. Das Holz kann ebenfalls befallen werden. Schäden besonders im Spätsommer und Herbst sichtbar.

Hinweise	Was kann man dagegen tun?
Vermutlich hervorgerufen durch eine Störung in der Zusammensetzung der Bodenmikroflora, tritt besonders in Rosendauerkulturen auf, kann sich über viele Jahre halten.	Rosen nicht immer wieder auf den gleichen Standort pflanzen, Nachbauschäden (Bodenmüdigkeit) können vorübergehend durch Bodenaustausch überwunden werden.
Kühle Temperaturen und hohe Luftfeuchte (Taubildung) während der Nacht sowie hohe Temperaturen und mäßige Luftfeuchte tagsüber fördern die Krankheit; Erreger kann in abgefallenen Blättern und Knospen überwintern.	Widerstandsfähige Sorten anbauen. Für gute Durchlüftung des Bestands sorgt mäßige Stickstoffdüngung.
Temperaturen zwischen 15 und 27 °C sowie Feuchtigkeit auf den Blättern begünstigen die Krankheit; Erreger kann in befallenen Blättern und Knospen überwintern.	Widerstandsfähige Sorten anbauen. Befallene Blätter vernichten. Vollständige Bekämpfung bei starkem Befall kaum möglich. Für gute Durchlüftung des Standorts sorgen, schattige und feuchte Standorte meiden. Gute Nährstoffversorgung gewährleisten. Beim Gießen Blätter möglichst nicht benetzen. Blätter sollten zur Nacht abgetrocknet sein.

Rost

Schadbild

Gelbliche oder gelbbraune Flecke auf den Blättern, die auf der Unterseite zunächst gelbe, später braune, dann schwarze Pusteln mit Sporen tragen. Sporenlager können auch auf den Trieben gebildet werden.

← *Rost – Blattoberseite (oben)*

← *Rost – Blattunterseite (unten)*

Grauschimmel

Grauer Belag auf Knospen und Triebspitzen. Knospen trocknen ein und fallen ab. Blütenblätter weisen rote Flecke auf. Flecke auf Trieben, Holz und Blättern.

← *Grauschimmel – Schaden an der Blüte*

← *Grauschimmel – Pocken an einer Knospe*

inweise

ühle und feuchte Witterung und Standorte fördern die Krankheitsentwicklung. Erreger wird urch Wind verbreitet, der Pilz überwintert in ⟩gefallenen Blättern und infizierten Trieben.

Was kann man dagegen tun?

Kranke und abgefallene Blätter vernichten, befallene Triebe ausschneiden. Für gute Durchlüftung des Standorts sorgen.

rreger dringt bevorzugt durch Wunden ein. iedrige Temperaturen (um 15 °C) und hohe ıftfeuchte fördern den Befall der Pflanze.

Alle befallenen Pflanzenteile ausschneiden, abgeblühte Blüten entfernen (herausschneiden) und vernichten.

Schädlinge
Spinnmilben

Schadbild

Durch Saugtätigkeit der sich vornehmlich blattunterseits aufhaltenden Spinnmilben sind die Blätter oberseits zunächst fein gelblich weiß gesprenkelt, später insgesamt bronzefarben; nach Vertrocknen vorzeitiger Blattfall. Blattunterseits zarte Gespinste, auch weiße Larvenhäute, durchsichtige runde Eier und die ca. 0,5 mm langen, gelblich grünen Spinnmilben sichtbar, die in der „Hungerform" und als überwinternde weibliche Tiere („Winterweibchen") ziegelrot gefärbt sind („Spinnmilbe").

⬅ *Spinnmilben (oben)*
  (Gemeine oder Bohnenspinnmilbe)

⬅ *Spinnmilbenschaden (unten)*

Blattläuse

Mehrere Blattlausarten haben kultivierte und wild wachsende Rosen als Haupt- oder Dauerwirte. Die bekannteste und häufigste ist die Große Rosenblattlaus (grüne, rote, gelegentlich auch gelbliche Tiere nebeneinander). Alle Arten saugen an Triebspitzen und Blattunterseiten. Als Folge der Saugtätigkeit kräuseln sich die Blätter, Triebspitzen verkrüppeln und verkümmern. Befallene Pflanzenteile sind von „Honigtau" überzogen, auf dem sich Schwärzepilze („Rußtau") ansiedeln können. Während der Wintermonate sind die glänzend schwarzen Blattlauseier mitunter in größerer Anzahl an Rosentrieben zu finden.

⬅ *Blattlauseier (oben)*

⬅ *Blattläuse (unten)*

inweise

arme und trockene Witterung mit geringer ftfeuchte fördern das Auftreten. Zudem haffen windgeschützte, der Sonnenein- und ickstrahlung besonders ausgesetzte Standorte vie vor Hausfassaden) die Voraussetzung für 1en starken Befall.

Was kann man dagegen tun?

Abgefallenes Laub und beim Rückschnitt der Rosen nach dem Winter anfallendes Holz gründlich entfernen und vernichten, um die überwinternden weiblichen Tiere am Neuaufbau von Spinnmilbenpopulationen zu hindern.
Rankrosen an Südwänden sind besonders gefährdet; Spaliere deshalb mindestens 20 cm von der Wand entfernt anbringen. Ausgewogene Nährstoffversorgung.

beachten ist, dass ein Teil der an Rosen auftenden Blattläuse schon im Verlauf des ihjahrs auf andere Wirte abwandert, sodass sich empfiehlt, die Befallsstärke zu beobaten.

Häufig finden sich in den Blattlauskolonien räuberische Wanzen, Marienkäfer und ihre Larven, Florfliegenlarven, räuberische Gallmücken- und Schwebfliegenlarven sowie auch von Schlupfwespen parasitierte Blattläuse. Diese Nützlinge sollten möglichst ungestört wirken können. Befallene Triebe frühzeitig mit scharfem Wasserstrahl abspritzen.
Lavendelpflanzen zwischen Rosen sollen auf Blattläuse abweisend wirken. Bei chemischer Bekämpfung reicht meist das Spritzen der Triebspitzen und Knospen. Bienengefährliche Mittel dürfen nicht auf blühende Pflanzen gelangen.

Schädlinge
Rosenzikaden

Schadbild

Diese Zwergzikaden bewirken „Weißscheckigkeit". Durch die Saugtätigkeit der Larven an den Unterseiten der Blätter entstehen an deren Oberseite weißliche Sprenkel, wobei die Weißscheckigkeit im Allgemeinen in der Nähe der Blattadern beginnt. Die Zwergzikade ist als Vollinsekt ungefähr 3 mm lang, grünlich oder gelblich weiß, breitköpfig, sonst aber schmal. Sie besitzt Sprungbeine und Flügel.

⬅ *Rosenzikaden – Schadbild*

Rosenblattrollwespe

Das Schadbild der Rosenblattrollwespe gibt immer wieder Rätsel auf. Die schwärzliche Wespe selbst fällt kaum auf, weil sie nur 3 bis 4 mm misst. Sie legt gewöhnlich von Ende April bis Anfang Juni ihre Eier in die Blattränder, die dadurch anschwellen und sich nach unten einrollen. Anfänglich ist in den gerollten Blättern nichts zu sehen. Später befinden sich in den „Rollen" zunächst weißlich, nach einiger Zeit hellgrün gefärbte, C-förmig gekrümmte Larven, die eine Länge von 8 bis 9 mm erreichen. Sie verzehren das Blattgewebe im Innern der gerollten Blätter und bringen sie so allmählich zum Absterben.

⬅ *Rosenblattrollwespe –
Trieb-Schadbild (oben)*

⬅ *Rosenblattrollwespe –
Larven (unten)*

inweise	Was kann man dagegen tun?
senzikaden treten in zwei Generationen pro hr (Mai–Juli, Ende August–September) auf. e im Herbst von der zweiten Generation in e Rosentriebe abgelegten Eier überwintern. sen auf sehr sonnigem Standort weisen sonders starke Saugschäden auf. Bei rührung der Rosenpflanzen schwirren oft hwärme von Zikaden davon (Absprung und schließender Schwirrflug der Vollinsekten).	Gründliches Zurückschneiden der Triebe im Herbst, Schnittabfälle aus dem Gartenbereich entfernen. Ausgewogene Nährstoffversorgung, zurückhaltende Düngung.

sgewachsene Larven lassen sich etwa im Juli Boden fallen, spinnen sich in einen Kokon n und verpuppen sich im Frühjahr. attwespenlarven allgemein werden wegen rer Ähnlichkeit mit Schmetterlingsraupen als fterraupen" bezeichnet. Sie haben vielfach nen deutlich abgesetzten, kugelrunden Kopf. r Körper ist mit drei Brustbeinen und sechs s acht Paar Bauchfüßen versehen.	Im Allgemeinen reicht es aus, gerollte Blätter möglichst früh zu entfernen und zu beseitigen.

Rosentriebbohrer

Schadbild

Blattwespenarten, deren Larven durch Ausfressen des Marks im Rosentrieb schädlich werden. Zu unterscheiden sind der Abwärts- und der Aufwärtssteigende Rosentriebbohrer. Die bis 12 mm lang werdende weiße Larve des Ersteren bohrt sich im Mark vollsaftiger Rosentriebe 3 bis 4 cm tief hinab. Die Spitzen dieser Triebe biegen sich um und welken. Die Larve verlässt den Trieb durch ein am Ende des Ganges angelegtes Bohrloch. Beim Aufwärtssteigenden Rosentriebbohrer wird der Fraßgang bis zu 12 cm in Triebspitzenrichtung vorangetrieben. Der Befall ist am „Bohrmehl" zu erkennen.

← *Rosentriebbohrer, Larve im Rosentrieb*

Sorten, die gegen Pilzkrankheiten widerstandsfähig sind

Rosensorten sind zum Teil anfällig für die Pilzkrankheiten Echter Mehltau, Falscher Mehltau, Sternrußtau oder Rost. Die Befallsstärke ist abhängig von der genetisch bedingten Widerstandsfähigkeit der Rosensorte und wird besonders beeinflusst von äußeren Faktoren wie Witterungsverlauf, Bodenqualität und Pflege. Dank der Züchtung gibt es heute eine größere Zahl widerstandsfähiger Rosensorten. Aber auch diese Sorten bleiben über viele Jahre nur dann gesund, wenn Standort, Boden und Pflege optimal sind. Nachfolgend sind Beispiele von Sorten aufgeführt, die sich in der gärtnerischen Praxis und in Sortenprüfungen als weitgehend widerstandsfähig gegenüber den oben genannten Pilzkrankheiten erwiesen haben.

Die Widerstandsfähigkeit der Rosensorten wird in diesem Heft in vier Gruppen unterteilt. Es sind Rosensorten aufgelistet worden, von denen zumindest eine mittlere Widerstandsfähigkeit erwartet werden kann. Zur Beurteilung wurden mehrjährige Erfahrungen aus der Sortenprüfung an der Bundessortenamtprüfstelle Rethmar, Erkenntnisse aus der ADR-Prüfung und Hinweise aus der Praxis herangezogen.

Gruppe 1:
Widerstandsfähigkeit „sehr hoch"
Nur wenige Sorten lassen sich hier zuordnen. Diese Sorten haben sich über mehrere Jahre als sehr gesund gezeigt. Ein Einsatz von chemischen Pflanzenschutzmitteln ist nicht erforderlich.

...ohrlöcher befinden sich häufig über einem ...attansatz bzw. unter einem Stachel.

Was kann man dagegen tun?

Abschneiden der befallenen Triebe bis ins gesunde Holz.

Gruppe 2:
Widerstandsfähigkeit „hoch"
Sorten, die sich als besonders widerstandsfähig gegen Echten Mehltau, Sternrußtau und Rosenrost gezeigt haben. Einsatz von chemischen Pflanzenschutzmitteln gegen diese Erkrankungen ist bei ihnen in der Regel nicht erforderlich. In Jahren mit starkem Befallsdruck kann leichter Befall auftreten. Dieser wird jedoch von den Pflanzen aus eigener Kraft durch Überwachsen überwunden.

Gruppe 3:
Widerstandsfähigkeit „mittel bis hoch"
Diese Sorten können bei starkem Befallsdruck (dieser kann z. B. bei Zusammentreffen von hohen Temperaturen, hoher Luftfeuchte oder starkem Temperaturwechsel auftreten) mit umweltverträglichen, zugelassenen Mitteln gegen o. g. Krankheiten behandelt werden. Außerdem kann die Widerstandsfähigkeit durch gärtnerische Pflege- und Kulturmaßnahmen (z. B. Düngung, Winterschnitt, Sommerschnitt) leicht gestärkt werden.

Gruppe 4:
Widerstandsfähigkeit „mittel"
Diese Sorten werden bei erhöhtem Befallsdruck von Krankheiten häufiger befallen. Pflanzenschutzmitteleinsatz, der umweltschonend ausgerichtet ist, führt schon bei geringer Anwendung zu einer deutlichen Verbesserung der Wuchskraft. Die in dieser Gruppe genannten Sorten weisen besondere Wuchseigenschaften wie Blütenform oder Duft auf, sodass auf sie im Garten (noch) nicht verzichtet werden kann.

Achtung: Chemische Pflanzenschutzmittel verlieren oftmals ihre Wirksamkeit, wenn dasselbe Mittel mehrmals hintereinander ausgebracht wird.

Beetrosen

Andalusien

Blütenfarbe	leuchtend rot
Blütenfüllung	halb gefüllt
Wuchsform	hochbuschig

Höhe/Breite	120/80 cm
Widerstandsfähigkeit	mittel bis hoch
Sonstiges	leuchtende Blütenfarbe, robust, ADR-Rose

Aprikola

Blütenfarbe	gelborange/aprikosenfarben
Blütenfüllung	gefüllt
Wuchsform	buschig

Höhe/Breite	60/40 cm
Widerstandsfähigkeit	hoch
Sonstiges	sehr schöne Blütenfarbe, ADR-Rose

Aspirin-Rose

Blütenfarbe	weiß/hellrosa
Blütenfüllung	gefüllt
Wuchsform	buschig

Höhe/Breite	60/60 cm
Widerstandsfähigkeit	hoch
Sonstiges	sehr schöne Blüte, ADR-Rose

Bad Birnbach

Blütenfarbe	karminrosa
Blütenfüllung	halb gefüllt
Wuchsform	breitbuschig

Höhe/Breite	40/60 cm
Widerstands-fähigkeit	hoch
Sonstiges	sehr schöne Blüte, ADR-Rose

Bad Wörishofen

Blütenfarbe	leuchtend karminrosa
Blütenfüllung	halb gefüllt
Wuchsform	buschig

Höhe/Breite	70/80 cm
Widerstands-fähigkeit	hoch
Sonstiges	sehr schöne Blütenwirkung, ADR-Rose

Bayernland

Blütenfarbe	hellrosa
Blütenfüllung	halb gefüllt
Wuchsform	buschig

Höhe/Breite	40/40 cm
Widerstands-fähigkeit	mittel bis hoch
Sonstiges	kompakter Wuchs, ADR-Rose

Beetrosen

Bella Rosa

Blütenfarbe	rosa
Blütenfüllung	stark gefüllt
Wuchsform	breitbuschig
Höhe/Breite	60/80 cm
Widerstandsfähigkeit	mittel
Sonstiges	fortlaufend blühend

Bernstein-Rose

Blütenfarbe	bernsteingelb
Blütenfüllung	gefüllt
Wuchsform	buschig
Höhe/Breite	80/60 cm
Widerstandsfähigkeit	mittel
Sonstiges	besondere Farbe, duftend

Blühwunder

Blütenfarbe	lachsrosa
Blütenfüllung	halb gefüllt
Wuchsform	buschig
Höhe/Breite	70/80 cm
Widerstandsfähigkeit	mittel
Sonstiges	sehr reich blühend, leichter Duft, ADR-Rose

Brautzauber

Blütenfarbe	weiß
Blütenfüllung	halb gefüllt
Wuchsform	buschig

Höhe/Breite	80/80 cm
Widerstands-fähigkeit	hoch
Sonstiges	sehr schöne Blüte, ADR-Sorte

Celina

Blütenfarbe	gelb
Blütenfüllung	halb gefüllt
Wuchsform	breitbuschig

Höhe/Breite	60/80 cm
Widerstands-fähigkeit	mittel bis hoch
Sonstiges	ansprechende Blüte, ADR-Rose

Charles Austin

Blütenfarbe	aprikosenfarben
Blütenfüllung	stark gefüllt
Wuchsform	breitbuschig

Höhe/Breite	120/80 cm
Widerstands-fähigkeit	mittel bis hoch
Sonstiges	duftende „Englische Rose"

Beetrosen

Charmant

Blütenfarbe	rosa
Blütenfüllung	stark gefüllt
Wuchsform	breitbuschig
Höhe/Breite	40/60 cm
Widerstandsfähigkeit	hoch
Sonstiges	sehr schöne Blütenwirkung, vielseitig zu verwenden

Chorus

Blütenfarbe	leuchtend rot
Blütenfüllung	halb gefüllt bis gefüllt
Wuchsform	buschig
Höhe/Breite	70/60 cm
Widerstandsfähigkeit	mittel
Sonstiges	sehr schöne Farbe, ADR-Rose

Crimson Meidiland

Blütenfarbe	leuchtend rot
Blütenfüllung	halb gefüllt
Wuchsform	hochbuschig
Höhe/Breite	120/80 cm
Widerstandsfähigkeit	hoch bis sehr hoch
Sonstiges	leuchtende Blütenfarbe, leichter Duft, robust, ADR-Rose

Dietrich Woessner

Blütenfarbe	cremeweiß
Blütenfüllung	halb gefüllt
Wuchsform	hochbuschig

Höhe/Breite	80/60 cm
Widerstandsfähigkeit	mittel bis hoch
Sonstiges	nostalgische Blüte

Diamant

Blütenfarbe	weiß
Blütenfüllung	halb gefüllt
Wuchsform	buschig

Höhe/Breite	60/60 cm
Widerstandsfähigkeit	hoch
Sonstiges	sehr schöne Blüte, leichter Duft, ADR-Rose

Dolly

Blütenfarbe	karminrosa
Blütenfüllung	halb gefüllt
Wuchsform	breitbuschig

Höhe/Breite	80/80 cm
Widerstandsfähigkeit	mittel bis hoch
Sonstiges	sehr schöne Blütenfarbe, leichter Duft, ADR-Rose

Beetrosen

Edelweiß

Blütenfarbe	weiß
Blütenfüllung	gefüllt
Wuchsform	hochbuschig

Höhe/Breite	70/50 cm
Widerstandsfähigkeit	mittel bis hoch
Sonstiges	schöne Blüte, leichter Duft, ADR-Rose

Escapade

Blütenfarbe	lilarosa, Mitte weiß
Blütenfüllung	halb gefüllt
Wuchsform	buschig

Höhe/Breite	80/60 cm
Widerstandsfähigkeit	mittel
Sonstiges	schöne Blüte, ADR-Rose

Famosa

Blütenfarbe	leuchtend rot
Blütenfüllung	halb gefüllt
Wuchsform	buschig

Höhe/Breite	70/60 cm
Widerstandsfähigkeit	hoch
Sonstiges	leuchtende Blütenfarbe, ADR-Sorte

Fortuna

Blütenfarbe	dunkelrosa/rosa
Blütenfüllung	einfach
Wuchsform	breitbuschig
Höhe/Breite	50/60 cm
Widerstandsfähigkeit	hoch
Sonstiges	sehr schöne Blüte, ADR-Rose

Friesia

Blütenfarbe	gelb
Blütenfüllung	gefüllt
Wuchsform	hochbuschig
Höhe/Breite	60/40 cm
Widerstandsfähigkeit	mittel
Sonstiges	stark duftend, sehr schöne Blüte, ADR-Rose

Gartenzauber 84

Blütenfarbe	rot
Blütenfüllung	gefüllt
Wuchsform	buschig
Höhe/Breite	50/40 cm
Widerstandsfähigkeit	mittel
Sonstiges	niedrig, kompakt, leichter Duft

Beetrosen

Gebrüder Grimm

Blütenfarbe	orangerot/pfirsichfarben
Blütenfüllung	stark gefüllt
Wuchsform	breitbuschig
Höhe/Breite	110/120 cm
Widerstandsfähigkeit	hoch
Sonstiges	wunderschöne Blüte, ADR-Sorte

Golden Border

Blütenfarbe	schwefelgelb
Blütenfüllung	stark gefüllt
Wuchsform	breitbuschig
Höhe/Breite	50/50 cm
Widerstandsfähigkeit	mittel bis hoch
Sonstiges	sehr schöne Blütenfarbe, reich blühend, leichter Duft

Goldener Sommer

Blütenfarbe	hellgoldgelb
Blütenfüllung	gefüllt
Wuchsform	buschig
Höhe/Breite	60/60 cm
Widerstandsfähigkeit	mittel bis hoch
Sonstiges	sehr robuste Beetrose

Goldschatz

Blütenfarbe	leuchtend gelb
Blütenfüllung	gefüllt
Wuchsform	breitbuschig
Höhe/Breite	70/60 cm
Widerstandsfähigkeit	mittel bis hoch
Sonstiges	sehr schöne Blüte

Home & Garden

Blütenfarbe	dunkelrosa/hellrosa
Blütenfüllung	stark gefüllt
Wuchsform	buschig
Höhe/Breite	80/80 cm
Widerstandsfähigkeit	mittel bis hoch
Sonstiges	sehr schöne nostalgische Blüte

Innocencia

Blütenfarbe	leuchtend weiß
Blütenfüllung	halb gefüllt
Wuchsform	hochbuschig
Höhe/Breite	50/60 cm
Widerstandsfähigkeit	hoch
Sonstiges	sehr schöne Wirkung von Blüte und Blatt, ADR-Rose

Beetrosen

Knirps

Blütenfarbe	karminrosa
Blütenfüllung	stark gefüllt
Wuchsform	flachbuschig

Höhe/Breite	40/50 cm
Widerstandsfähigkeit	hoch
Sonstiges	sehr schöne Blütenwirkung

Kronjuwel

Blütenfarbe	dunkelrot
Blütenfüllung	halb gefüllt
Wuchsform	buschig

Höhe/Breite	80/60 cm
Widerstandsfähigkeit	hoch
Sonstiges	leuchtende Blütenfarbe, ADR-Rose

Leonardo da Vinci

Blütenfarbe	dunkelrosa
Blütenfüllung	stark gefüllt
Wuchsform	buschig

Höhe/Breite	80/60 cm
Widerstandsfähigkeit	mittel
Sonstiges	wunderschöne nostalgische Blüte, leichter Duft

Lions-Rose

Blütenfarbe	creme/pfirsichfarben
Blütenfüllung	stark gefüllt
Wuchsform	hochbuschig
Höhe/Breite	110/90 cm
Widerstandsfähigkeit	mittel bis hoch
Sonstiges	hervorragende Blüte, ADR-Rose

Loredo

Blütenfarbe	gelb
Blütenfüllung	halb gefüllt
Wuchsform	buschig
Höhe/Breite	70/40 cm
Widerstandsfähigkeit	mittel bis hoch
Sonstiges	sehr schöne Blütenfarbe, ADR-Rose

Maxi Vita

Blütenfarbe	dunkelrosa, gelboranges Auge
Blütenfüllung	halb gefüllt
Wuchsform	breitbuschig
Höhe/Breite	60/70 cm
Widerstandsfähigkeit	hoch
Sonstiges	sehr schöne Wirkung von Blüte und Pflanze

Beetrosen

Montana

Blütenfarbe	leuchtend rot
Blütenfüllung	gefüllt
Wuchsform	buschig
Höhe/Breite	90/80 cm
Widerstandsfähigkeit	mittel
Sonstiges	intensive Farbe, leichter Duft, ADR-Rose

Pastella

Blütenfarbe	cremeweiß, rosa Rand
Blütenfüllung	gefüllt
Wuchsform	breitbuschig
Höhe/Breite	60/50 cm
Widerstandsfähigkeit	mittel bis hoch
Sonstiges	sehr schöne Blütenfarbe

Phlox Meidiland

Blütenfarbe	violettrosa, weißer Blütenboden
Blütenfüllung	einfach
Wuchsform	buschig
Höhe/Breite	70/60 cm
Widerstandsfähigkeit	mittel bis hoch
Sonstiges	wunderschöne Blüte, ADR-Rose

Purple Meidiland

Blütenfarbe	rot, blaurosa Ton, magenta
Blütenfüllung	gefüllt
Wuchsform	breitbuschig
Höhe/Breite	60/60 cm
Widerstandsfähigkeit	mittel bis hoch
Sonstiges	ADR-Rose

Queen Mother

Blütenfarbe	hellrosa
Blütenfüllung	halb gefüllt
Wuchsform	breitbuschig
Höhe/Breite	60/60 cm
Widerstandsfähigkeit	mittel
Sonstiges	sehr schöne Blüte, leichter Duft, ADR-Rose

Ricarda

Blütenfarbe	lachsrosa
Blütenfüllung	halb gefüllt
Wuchsform	buschig
Höhe/Breite	90/70 cm
Widerstandsfähigkeit	hoch
Sonstiges	ADR-Rose, leichter Duft

Beetrosen

Rosali 83

Blütenfarbe	dunkelrosa
Blütenfüllung	gefüllt
Wuchsform	breitbuschig

Höhe/Breite	50/60 cm
Widerstandsfähigkeit	mittel bis hoch
Sonstiges	reich blühend

Rosenprofessor Sieber

Blütenfarbe	rosa
Blütenfüllung	gefüllt
Wuchsform	hochbuschig

Höhe/Breite	80/60 cm
Widerstandsfähigkeit	hoch
Sonstiges	sehr schöne Blüte, ADR-Rose

Schneeflocke

Blütenfarbe	weiß
Blütenfüllung	gefüllt
Wuchsform	breitbuschig

Höhe/Breite	40/50 cm
Widerstandsfähigkeit	hoch
Sonstiges	sehr dekorative Blüte, leichter Duft, ADR-Rose

Schöne Dortmunderin

Blütenfarbe	rosa
Blütenfüllung	halb gefüllt
Wuchsform	buschig
Höhe/Breite	70/60 cm
Widerstandsfähigkeit	mittel bis hoch
Sonstiges	schöne Blütenwirkung, ADR-Rose

Snowdance

Blütenfarbe	weiß
Blütenfüllung	gefüllt
Wuchsform	breitbuschig
Höhe/Breite	50/60 cm
Widerstandsfähigkeit	mittel bis hoch
Sonstiges	leuchtendes Weiß

Sonnenröschen

Blütenfarbe	weiß mit gelbem Auge
Blütenfüllung	einfach
Wuchsform	flachbuschig, niederliegend
Höhe/Breite	25/100 cm
Widerstandsfähigkeit	hoch bis sehr hoch
Sonstiges	naturnahe Blüte, für viele Verwendungszwecke, ADR-Sorte

Beetrosen

Stadt Eltville

Blütenfarbe	leuchtend rot
Blütenfüllung	halb gefüllt
Wuchsform	hochbuschig

Höhe/Breite	60/60 cm
Widerstandsfähigkeit	mittel
Sonstiges	sehr schöne Blütenfarbe

Tornado

Blütenfarbe	scharlachrot
Blütenfüllung	halb gefüllt
Wuchsform	schmalbuschig

Höhe/Breite	80/40 cm
Widerstandsfähigkeit	mittel
Sonstiges	leuchtende Blütenfarbe, ADR-Rose

Träumerei

Blütenfarbe	leuchtend rot
Blütenfüllung	gefüllt
Wuchsform	buschig

Höhe/Breite	80/60 cm
Widerstandsfähigkeit	mittel
Sonstiges	auch für Schnitt

Trier 2000

Blütenfarbe	rosa
Blütenfüllung	halb gefüllt
Wuchsform	buschig

Höhe/Breite	100/90 cm
Widerstands-fähigkeit	mittel
Sonstiges	reich blühend, leichter Duft

Vinesse

Blütenfarbe	orangerosa/hellorangerosa
Blütenfüllung	halb gefüllt
Wuchsform	buschig

Höhe/Breite	60/60 cm
Widerstands-fähigkeit	mittel bis hoch
Sonstiges	sehr schöne Blütenfarbe, ADR-Rose

Vicky

Blütenfarbe	orangerot
Blütenfüllung	halb gefüllt
Wuchsform	hochbuschig

Höhe/Breite	90/60 cm
Widerstands-fähigkeit	hoch
Sonstiges	schöne Farbe, ADR-Rose

Kleinstrauchrosen

Alba Meidiland

Blütenfarbe	weiß
Blütenfüllung	gefüllt
Wuchsform	breitbuschig

Höhe/Breite	70/90 cm
Widerstandsfähigkeit	mittel bis hoch
Sonstiges	auch Bodendecker

Angela

Blütenfarbe	karminrosa
Blütenfüllung	halb gefüllt
Wuchsform	breitbuschig

Höhe/Breite	100/100 cm
Widerstandsfähigkeit	hoch
Sonstiges	dekorative Blüte, ADR-Rose

Apfelblüte

Blütenfarbe	rosaweiß
Blütenfüllung	einfach blühend
Wuchsform	flachbuschig

Höhe/Breite	90/120 cm
Widerstandsfähigkeit	hoch
Sonstiges	dekorative Blüte ADR-Rose

Astrid Lindgren

Blütenfarbe	rosa
Blütenfüllung	gefüllt
Wuchsform	hochbuschig

Höhe/Breite	120/80 cm
Widerstandsfähigkeit	mittel
Sonstiges	robuste Rose, leichter Duft

Bingo Meidiland

Blütenfarbe	hellrosa
Blütenfüllung	einfach
Wuchsform	breitbuschig

Höhe/Breite	100/120 cm
Widerstandsfähigkeit	hoch
Sonstiges	reich blühend, Neuheit, ADR-Rose

Blanche Cascade

Blütenfarbe	weiß
Blütenfüllung	gefüllt
Wuchsform	breitbuschig

Höhe/Breite	40/60 cm
Widerstandsfähigkeit	hoch
Sonstiges	kleine nostalgische Blüte, leichter Duft

Kleinstrauchrosen

Bonica 82

Blütenfarbe	rosa
Blütenfüllung	gefüllt
Wuchsform	buschig

Höhe/Breite	80/80 cm
Widerstands-fähigkeit	mittel bis hoch
Sonstiges	dekorativ, sehr robust, ADR-Rose

Danica

Blütenfarbe	weiß
Blütenfüllung	einfach
Wuchsform	buschig

Höhe/Breite	70/80 cm
Widerstands-fähigkeit	hoch
Sonstiges	schöne Blüte, ADR-Rose

Diadem

Blütenfarbe	rosa
Blütenfüllung	gefüllt
Wuchsform	buschig

Höhe/Breite	80/80 cm
Widerstands-fähigkeit	mittel
Sonstiges	besonders für Schnitt

Diamond Border

Blütenfarbe	weiß
Blütenfüllung	halb gefüllt
Wuchsform	buschig
Höhe/Breite	60/60 cm
Widerstands-fähigkeit	hoch
Sonstiges	sehr schöne Blüte, ADR-Rose

Dortmunder Kaiserhain

Blütenfarbe	hellrosa
Blütenfüllung	gefüllt
Wuchsform	hochbuschig
Höhe/Breite	120/90 cm
Widerstands-fähigkeit	hoch
Sonstiges	schöne Farbe, ADR-Rose

Europas Rosengarten

Blütenfarbe	rosa
Blütenfüllung	gefüllt
Wuchsform	buschig
Höhe/Breite	80/80 cm
Widerstands-fähigkeit	mittel
Sonstiges	auch für Schnitt

Kleinstrauchrosen

Gärtnerfreude

Blütenfarbe	leuchtend rot
Blütenfüllung	gefüllt
Wuchsform	breitbuschig
Höhe/Breite	60/60 cm
Widerstandsfähigkeit	hoch
Sonstiges	sehr schöne Blüte, ADR-Rose

Granny

Blütenfarbe	hellrosa
Blütenfüllung	stark gefüllt
Wuchsform	breitbuschig
Höhe/Breite	50/70 cm
Widerstandsfähigkeit	mittel bis hoch
Sonstiges	sehr schöne Blüte, reich blühend

Gütersloh

Blütenfarbe	rot
Blütenfüllung	halb gefüllt
Wuchsform	buschig
Höhe/Breite	100/100 cm
Widerstandsfähigkeit	hoch
Sonstiges	robuste Sorte, leuchtende Farbe

Heidefeuer

Blütenfarbe	leuchtend rot
Blütenfüllung	halb gefüllt
Wuchsform	breitbuschig

Höhe/Breite	60/80 cm
Widerstands-fähigkeit	mittel bis hoch
Sonstiges	sehr schöne Blütenfarbe

Heidepark

Blütenfarbe	lachsrosa
Blütenfüllung	halb gefüllt bis gefüllt
Wuchsform	buschig

Höhe/Breite	70/90 cm
Widerstands-fähigkeit	mittel
Sonstiges	reich blühend, stets Farbe zeigend

Heideröslein Nozomi

Blütenfarbe	rosa
Blütenfüllung	halb gefüllt
Wuchsform	breitbuschig

Höhe/Breite	40/80 cm
Widerstands-fähigkeit	mittel
Sonstiges	zierlich, kleinblütig

Kleinstrauchrosen

Heidetraum

Blütenfarbe	karminrosa
Blütenfüllung	gefüllt
Wuchsform	breitbuschig

Höhe/Breite	60/80 cm
Widerstandsfähigkeit	hoch bis sehr hoch
Sonstiges	höchste Widerstandsfähigkeit, ADR-Rose

Heidi

Blütenfarbe	rosarot
Blütenfüllung	einfach
Wuchsform	breitbuschig

Höhe/Breite	70/90 cm
Widerstandsfähigkeit	hoch
Sonstiges	ansprechende Blüte

Iga 83 München

Blütenfarbe	karminrosa
Blütenfüllung	halb gefüllt
Wuchsform	buschig

Höhe/Breite	80/60 cm
Widerstandsfähigkeit	mittel bis hoch
Sonstiges	sehr schöne Blüte, ADR-Rose

Kent

Blütenfarbe	weiß
Blütenfüllung	halb gefüllt
Wuchsform	buschig
Höhe/Breite	30/60 cm
Widerstands-fähigkeit	hoch
Sonstiges	lange blühend, leuchtendes Weiß

La Sevillana

Blütenfarbe	rot
Blütenfüllung	halb gefüllt
Wuchsform	buschig
Höhe/Breite	90/50 cm
Widerstands-fähigkeit	hoch
Sonstiges	sehr schöne Blütenfarbe, ADR-Rose

Lavender Dream

Blütenfarbe	lavendelfarbig
Blütenfüllung	halb gefüllt
Wuchsform	buschig
Höhe/Breite	80/60 cm
Widerstands-fähigkeit	mittel bis hoch
Sonstiges	besondere Farbe, leichter Duft, ADR-Rose

Kleinstrauchrosen

Leona

Blütenfarbe	rosa
Blütenfüllung	halb gefüllt
Wuchsform	breitbuschig

Höhe/Breite	120/120 cm
Widerstandsfähigkeit	hoch
Sonstiges	ansprechende ADR-Rose

Magic Meidiland

Blütenfarbe	karminrosa
Blütenfüllung	halb gefüllt
Wuchsform	breitbuschig

Höhe/Breite	60/120 cm
Widerstandsfähigkeit	hoch
Sonstiges	sehr schöne Blüte, sehr vielseitig, ADR-Rose

Mazurka

Blütenfarbe	hellrosa
Blütenfüllung	gefüllt
Wuchsform	breitbuschig

Höhe/Breite	100/80 cm
Widerstandsfähigkeit	hoch
Sonstiges	reich blühend, ADR-Rose

Medeo

Blütenfarbe	weiß, rosa Ton
Blütenfüllung	einfach
Wuchsform	flachbuschig
Höhe/Breite	60/90 cm
Widerstandsfähigkeit	hoch
Sonstiges	Wildrosenblüte, ADR-Rose

Medusa

Blütenfarbe	dunkelrosa
Blütenfüllung	gefüllt
Wuchsform	breitbuschig
Höhe/Breite	100/100 cm
Widerstandsfähigkeit	hoch
Sonstiges	vielseitig zu verwenden, leichter Duft, ADR-Rose

Mirato

Blütenfarbe	karminrosa
Blütenfüllung	halb gefüllt
Wuchsform	breitbuschig
Höhe/Breite	80/70 cm
Widerstandsfähigkeit	hoch
Sonstiges	auch Bodendecker, vielseitig, ADR-Rose

Kleinstrauchrosen

Neon

Blütenfarbe	karminrosa
Blütenfüllung	halb gefüllt
Wuchsform	buschig
Höhe/Breite	60/80 cm
Widerstandsfähigkeit	hoch
Sonstiges	sehr schöne Blüte, ADR-Rose

Noack`s Melissa

Blütenfarbe	hellrosa
Blütenfüllung	halb gefüllt
Wuchsform	buschig
Höhe/Breite	80/80 cm
Widerstandsfähigkeit	hoch
Sonstiges	sehr schöne Blüte, leichter Duft, ADR-Rose

Palmengarten Frankfurt

Blütenfarbe	karminrosa
Blütenfüllung	gefüllt
Wuchsform	breitbuschig
Höhe/Breite	60/90 cm
Widerstandsfähigkeit	hoch
Sonstiges	auch Bodendecker, vielseitig, ADR-Rose

Pearl Mirato

Blütenfarbe	rosa
Blütenfüllung	gefüllt
Wuchsform	breitbuschig

Höhe/Breite	60/80 cm
Widerstands-fähigkeit	mittel bis hoch
Sonstiges	ansprechende Blütenfarbe, vielseitig zu verwenden

Pink Bassino

Blütenfarbe	hellrosa
Blütenfüllung	einfach
Wuchsform	breitbuschig

Höhe/Breite	80/70 cm
Widerstands-fähigkeit	hoch
Sonstiges	Wildrosenblüte, ADR-Rose

Pink Bells

Blütenfarbe	rosa
Blütenfüllung	gefüllt
Wuchsform	breitbuschig

Höhe/Breite	60/100 cm
Widerstands-fähigkeit	mittel bis hoch
Sonstiges	einmal blühend, lange Sommerblüte

Kleinstrauchrosen

Pink La Sevillana

Blütenfarbe	rosa
Blütenfüllung	halb gefüllt
Wuchsform	buschig

Höhe/Breite	90/50 cm
Widerstandsfähigkeit	mittel
Sonstiges	auch Bodendecker, ADR-Rose

Pink Swany

Blütenfarbe	karminrosa
Blütenfüllung	stark gefüllt
Wuchsform	flachbuschig

Höhe/Breite	70/120 cm
Widerstandsfähigkeit	hoch bis sehr hoch
Sonstiges	sehr schöne Blütenwirkung, ADR-Rose

Play Rose

Blütenfarbe	rosa
Blütenfüllung	halb gefüllt
Wuchsform	buschig

Höhe/Breite	100/60 cm
Widerstandsfähigkeit	mittel bis hoch
Sonstiges	schöne Blüte, leichter Duft, ADR-Rose

Ravensberg

Blütenfarbe	rot
Blütenfüllung	halb gefüllt bis gefüllt
Wuchsform	buschig
Höhe/Breite	180/100 cm
Widerstands-fähigkeit	mittel bis hoch
Sonstiges	kräftiges Rot, ADR-Rose

Red Yesterday

Blütenfarbe	dunkelrot mit Auge
Blütenfüllung	einfach blühend
Wuchsform	breitbuschig
Höhe/Breite	80/70 cm
Widerstands-fähigkeit	hoch
Sonstiges	auch Bodendecker, ADR-Rose

Richard Strauß

Blütenfarbe	rosa mit Auge
Blütenfüllung	einfach blühend
Wuchsform	breitbuschig
Höhe/Breite	120/100 cm
Widerstands-fähigkeit	mittel bis hoch
Sonstiges	zierlich kleinblütig, ADR-Rose

Kleinstrauchrosen

Rody

Blütenfarbe	himbeerrot
Blütenfüllung	halb gefüllt
Wuchsform	breitbuschig

Höhe/Breite	60/70 cm
Widerstandsfähigkeit	mittel bis hoch
Sonstiges	sehr schöne Blütenwirkung, vielseitig zu verwenden

Roseromantic

Blütenfarbe	hellrosa
Blütenfüllung	einfach
Wuchsform	breitbuschig

Höhe/Breite	60/80 cm
Widerstandsfähigkeit	mittel
Sonstiges	schöne Blütenwirkung

Rote Woge

Blütenfarbe	scharlachrot
Blütenfüllung	halb gefüllt
Wuchsform	breitbuschig

Höhe/Breite	100/80 cm
Widerstandsfähigkeit	mittel bis hoch
Sonstiges	Triebe überhängend, leichter Duft, ADR-Rose

Rotilia

Blütenfarbe	leuchtend rot
Blütenfüllung	halb gefüllt
Wuchsform	breitbuschig

Höhe/Breite	120/120 cm
Widerstands-fähigkeit	hoch
Sonstiges	sehr schöne Blüte, ADR-Rose

Rush

Blütenfarbe	rosa mit Auge
Blütenfüllung	einfach blühend
Wuchsform	buschig

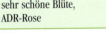

Höhe/Breite	150/110 cm
Widerstands-fähigkeit	mittel bis hoch
Sonstiges	zarte Blüte, naturnah

Satina

Blütenfarbe	zartrosa
Blütenfüllung	halb gefüllt
Wuchsform	breitbuschig

Höhe/Breite	40/40 cm
Widerstands-fähigkeit	mittel
Sonstiges	sehr schöne Blüte

Kleinstrauchrosen

Scarlet Meidiland

Blütenfarbe	rot
Blütenfüllung	gefüllt
Wuchsform	breitbuschig
Höhe/Breite	60/100 cm
Widerstandsfähigkeit	mittel
Sonstiges	Triebe locker, elegant überhängend

Schneekönigin

Blütenfarbe	weiß
Blütenfüllung	halb gefüllt
Wuchsform	breitbuschig
Höhe/Breite	100/120 cm
Widerstandsfähigkeit	mittel bis hoch
Sonstiges	sehr schöne Blüte, leichter Duft, ADR-Rose

Schneesturm

Blütenfarbe	cremeweiß
Blütenfüllung	gefüllt
Wuchsform	breitbuschig
Höhe/Breite	100/100 cm
Widerstandsfähigkeit	mittel bis hoch
Sonstiges	reich blühend, leichter Duft, ADR-Sorte

Simply

Blütenfarbe	hellrosa
Blütenfüllung	halb gefüllt
Wuchsform	breitbuschig

Höhe/Breite	120/120 cm
Widerstandsfähigkeit	hoch
Sonstiges	sehr schöne Blüte, ADR-Sorte

Sommerwind

Blütenfarbe	rein rosa
Blütenfüllung	halb gefüllt
Wuchsform	breitbuschig

Höhe/Breite	80/60 cm
Widerstandsfähigkeit	mittel bis hoch
Sonstiges	gewellte Blütenblätter, ADR-Rose

Sonnenschirm

Blütenfarbe	zitronengelb
Blütenfüllung	halb gefüllt
Wuchsform	breitbuschig

Höhe/Breite	60/60 cm
Widerstandsfähigkeit	mittel
Sonstiges	leuchtende Blütenfarbe

Kleinstrauchrosen

Sublime

Blütenfarbe	karminrosa
Blütenfüllung	gefüllt
Wuchsform	breitbuschig

Höhe/Breite	60/60 cm
Widerstandsfähigkeit	mittel bis hoch
Sonstiges	sehr schöne Blüte

Swany

Blütenfarbe	weiß
Blütenfüllung	gefüllt
Wuchsform	breitbuschig

Höhe/Breite	60/60 cm
Widerstandsfähigkeit	mittel bis hoch
Sonstiges	sehr schöne Blütenwirkung, auch Bodendecker

The Fairy

Blütenfarbe	rosa
Blütenfüllung	gefüllt
Wuchsform	breitbuschig

Höhe/Breite	60/60 cm
Widerstandsfähigkeit	mittel
Sonstiges	auch Bodendecker

White Haze

Blütenfarbe	weiß, gelbes Auge
Blütenfüllung	einfach bis halb gefüllt
Wuchsform	buschig

Höhe/Breite	70/70 cm
Widerstands-fähigkeit	hoch
Sonstiges	sehr schöne Blütenwirkung, ADR-Rose

White Meidiland

Blütenfarbe	weiß
Blütenfüllung	stark gefüllt
Wuchsform	breitbuschig

Höhe/Breite	60/80 cm
Widerstands-fähigkeit	mittel bis hoch
Sonstiges	auch Bodendecker

Wildfang

Blütenfarbe	hellrosa
Blütenfüllung	halb gefüllt
Wuchsform	breitbuschig

Höhe/Breite	110/80 cm
Widerstands-fähigkeit	hoch
Sonstiges	ansprechende Blütenfarbe, ADR-Rose

Edelrosen

Aachener Dom

Blütenfarbe	lachsrosa
Blütenfüllung	stark gefüllt
Wuchsform	buschig

Höhe/Breite	80/60 cm
Widerstandsfähigkeit	mittel bis hoch
Duft	reichlich
Sonstiges	große Blüte, ADR-Rose

Alexander

Blütenfarbe	rot
Blütenfüllung	gefüllt
Wuchsform	hochbuschig

Höhe/Breite	100/60 cm
Widerstandsfähigkeit	mittel
Duft	leicht
Sonstiges	edle Blüte

Ambiente

Blütenfarbe	cremeweiß/hellgelb
Blütenfüllung	gefüllt
Wuchsform	hochbuschig

Höhe/Breite	80/60 cm
Widerstandsfähigkeit	mittel bis hoch
Duft	kein Duft
Sonstiges	sehr schöne Blüte

Apéritif

Blütenfarbe	gelb
Blütenfüllung	gefüllt
Wuchsform	hochbuschig
Höhe/Breite	90/60 cm
Widerstands-fähigkeit	mittel bis hoch
Duft	leicht
Sonstiges	leuchtendes Gelb

Arosia

Blütenfarbe	rosa
Blütenfüllung	gefüllt
Wuchsform	hochbuschig
Höhe/Breite	80/60 cm
Widerstands-fähigkeit	mittel bis hoch
Duft	kein Duft
Sonstiges	schöne Gesamtwirkung

Banzai

Blütenfarbe	gelb gemischt
Blütenfüllung	gefüllt
Wuchsform	buschig
Höhe/Breite	80/60 cm
Widerstands-fähigkeit	mittel bis hoch
Duft	reichlich
Sonstiges	auch für Schnitt, ADR-Rose

Edelrosen

Barkarole

Blütenfarbe	dunkelrot, samtig
Blütenfüllung	gefüllt
Wuchsform	hochbuschig

Höhe/Breite	110/60 cm
Widerstandsfähigkeit	mittel
Duft	intensiv
Sonstiges	edle Blüte, auch für Schnitt

Berolina

Blütenfarbe	gelb
Blütenfüllung	gefüllt
Wuchsform	schlankbuschig

Höhe/Breite	120/70 cm
Widerstandsfähigkeit	mittel bis hoch
Duft	leicht
Sonstiges	auch für Schnitt, ADR-Rose

Burgund 81

Blütenfarbe	dunkelrot
Blütenfüllung	gefüllt
Wuchsform	hochbuschig

Höhe/Breite	120/70 cm
Widerstandsfähigkeit	mittel bis hoch
Duft	intensiv
Sonstiges	auch für Schnitt

Canary

Blütenfarbe	goldgelb
Blütenfüllung	gefüllt
Wuchsform	hochbuschig

Höhe/Breite	80/60 cm
Widerstandsfähigkeit	mittel
Duft	leicht
Sonstiges	sehr schöne Blüte

Caprice de Meilland

Blütenfarbe	dunkelrosa
Blütenfüllung	stark gefüllt
Wuchsform	hochbuschig

Höhe/Breite	100/60 cm
Widerstandsfähigkeit	mittel
Duft	sehr intensiv
Sonstiges	wunderschöne Blüte

Carina

Blütenfarbe	rosa
Blütenfüllung	gefüllt
Wuchsform	buschig

Höhe/Breite	80/60 cm
Widerstandsfähigkeit	mittel
Duft	leicht
Sonstiges	auch für Schnitt

Edelrosen

Cherry Brandy

Blütenfarbe	kupferfarben
Blütenfüllung	gefüllt
Wuchsform	buschig

Höhe/Breite	80/60 cm
Widerstandsfähigkeit	mittel
Duft	intensiv
Sonstiges	auch für Schnitt, gering frostempfindlich

Christel von der Post

Blütenfarbe	gelb
Blütenfüllung	gefüllt
Wuchsform	hochbuschig

Höhe/Breite	100/80 cm
Widerstandsfähigkeit	mittel bis hoch
Duft	leicht
Sonstiges	auch für Schnitt

Christoph Columbus

Blütenfarbe	lachsorange
Blütenfüllung	gefüllt
Wuchsform	hochbuschig

Höhe/Breite	100/80 cm
Widerstandsfähigkeit	mittel bis hoch
Duft	reichlich
Sonstiges	edle Blüte, sanfte Farbe

Doris Tysterman

Blütenfarbe	kupferorange
Blütenfüllung	gefüllt
Wuchsform	hochbuschig

Höhe/Breite	90/70 cm
Widerstands-fähigkeit	mittel bis hoch
Duft	leicht
Sonstiges	schöne Blütenfarbe

Duftgold

Blütenfarbe	gelb
Blütenfüllung	stark gefüllt
Wuchsform	buschig

Höhe/Breite	70/60 cm
Widerstands-fähigkeit	mittel
Duft	intensiv
Sonstiges	große Blüte

Duftrausch

Blütenfarbe	violettrosa
Blütenfüllung	gefüllt
Wuchsform	hochbuschig

Höhe/Breite	100/60 cm
Widerstands-fähigkeit	mittel
Duft	sehr intensiv
Sonstiges	auch für Schnitt

Edelrosen

Duftwolke

Blütenfarbe	korallenrot
Blütenfüllung	gefüllt
Wuchsform	hochbuschig

Höhe/Breite	80/60 cm
Widerstandsfähigkeit	mittel bis hoch
Duft	überragend
Sonstiges	auch für Schnitt

Duftzauber 84

Blütenfarbe	scharlachrot
Blütenfüllung	gefüllt
Wuchsform	hoch buschig
Höhe/Breite	90/60 cm
Widerstandsfähigkeit	mittel
Duft	intensiv
Sonstiges	sehr schöne Duftrose

Elina

Blütenfarbe	hellgelb
Blütenfüllung	gefüllt
Wuchsform	hochbuschig

Höhe/Breite	90/70 cm
Widerstandsfähigkeit	mittel
Duft	leicht
Sonstiges	sehr schöne Blüte, ADR-Rose

Focus

Blütenfarbe	lachsrosa
Blütenfüllung	gefüllt
Wuchsform	hochbuschig

Höhe/Breite	70/60 cm
Widerstandsfähigkeit	hoch
Duft	kein Duft
Sonstiges	sehr schöne Blüte

Freude

Blütenfarbe	orange
Blütenfüllung	gefüllt
Wuchsform	hochbuschig

Höhe/Breite	80/60 cm
Widerstandsfähigkeit	mittel
Duft	leicht
Sonstiges	leuchtende Farbe

Fritz Walter

Blütenfarbe	orangerot
Blütenfüllung	gefüllt
Wuchsform	hochbuschig

Höhe/Breite	100/60 cm
Widerstandsfähigkeit	mittel bis hoch
Duft	reichlich
Sonstiges	auch für Schnitt

Edelrosen

Gloria Dei

Blütenfarbe	gelb gemischt
Blütenfüllung	gefüllt
Wuchsform	hochbuschig

Höhe/Breite	100/60 cm
Widerstandsfähigkeit	mittel
Duft	leicht
Sonstiges	altbekannte, gute Sorte

Golden Medaillon

Blütenfarbe	gelb
Blütenfüllung	gefüllt
Wuchsform	hochbuschig
Höhe/Breite	100/60 cm
Widerstandsfähigkeit	mittel
Duft	leicht
Sonstiges	leuchtende Blütenfarbe

Hamburger Deern

Blütenfarbe	lachsrosa
Blütenfüllung	gefüllt
Wuchsform	hochbuschig
Höhe/Breite	70/60 cm
Widerstandsfähigkeit	mittel bis hoch
Duft	leicht
Sonstiges	leuchtende Blütenfarbe

Herz Dame

Blütenfarbe	rot
Blütenfüllung	gefüllt
Wuchsform	hochbuschig

Höhe/Breite	70/60 cm
Widerstands-fähigkeit	mittel bis hoch
Duft	leicht
Sonstiges	leuchtende Blütenfarbe

Honoré de Balzac

Blütenfarbe	zartrosa
Blütenfüllung	stark gefüllt
Wuchsform	hochbuschig

Höhe/Breite	90/60 cm
Widerstands-fähigkeit	mittel bis hoch
Duft	reichlich
Sonstiges	sehr schöne Blüte

Ingrid Bergmann

Blütenfarbe	dunkelrot
Blütenfüllung	gefüllt
Wuchsform	hochbuschig

Höhe/Breite	80/60 cm
Widerstands-fähigkeit	mittel
Duft	reichlich
Sonstiges	große, edle Blüte

Edelrosen

Johann Strauß

Blütenfarbe	pfirsichfarben
Blütenfüllung	gefüllt
Wuchsform	buschig

Höhe/Breite	70/60 cm
Widerstandsfähigkeit	mittel
Duft	reichlich
Sonstiges	sehr schöne Blüte

Königin der Rosen

Blütenfarbe	lachsorange
Blütenfüllung	gefüllt
Wuchsform	buschig
Höhe/Breite	70/60 cm
Widerstandsfähigkeit	mittel bis hoch
Duft	leicht
Sonstiges	edle Blüte

Lady Like

Blütenfarbe	karminrosa
Blütenfüllung	gefüllt
Wuchsform	aufrecht

Höhe/Breite	90/60 cm
Widerstandsfähigkeit	mittel
Duft	intensiv
Sonstiges	auch für Schnitt

Landora

Blütenfarbe	gelb
Blütenfüllung	gefüllt
Wuchsform	hochbuschig

Höhe/Breite	90/60 cm
Widerstands-fähigkeit	mittel bis hoch
Duft	reichlich
Sonstiges	auch für Schnitt

Las Vegas

Blütenfarbe	orange, gelbe Unterseite
Blütenfüllung	gefüllt
Wuchsform	hochbuschig

Höhe/Breite	90/60 cm
Widerstands-fähigkeit	mittel
Duft	leicht
Sonstiges	sehr schöne Blüte, auch für Schnitt

Lolita

Blütenfarbe	gelb/kupferfarben
Blütenfüllung	gefüllt
Wuchsform	hochbuschig

Höhe/Breite	80/60 cm
Widerstands-fähigkeit	mittel
Duft	intensiv
Sonstiges	sehr schöne Blüte

Edelrosen

Madona

Blütenfarbe	lachsrosa
Blütenfüllung	gefüllt
Wuchsform	buschig

Höhe/Breite	90/70 cm
Widerstandsfähigkeit	mittel
Duft	reichlich
Sonstiges	sehr schöne Blüte

Manora

Blütenfarbe	dunkelrot
Blütenfüllung	gefüllt
Wuchsform	hochbuschig

Höhe/Breite	120/60 cm
Widerstandsfähigkeit	mittel bis hoch
Duft	leicht
Sonstiges	edle Blüte, schöne Farbe

Märchenkönigin

Blütenfarbe	zartrosa
Blütenfüllung	gefüllt
Wuchsform	hochbuschig

Höhe/Breite	90/60 cm
Widerstandsfähigkeit	mittel bis hoch
Duft	leicht
Sonstiges	sehr edle Blüte

Margaret Merril

Blütenfarbe	leuchtend weiß
Blütenfüllung	gefüllt
Wuchsform	buschig
Höhe/Breite	70/60 cm
Widerstandsfähigkeit	mittel bis hoch
Duft	intensiv
Sonstiges	sehr schöne Blüte

Marion Hess

Blütenfarbe	dunkelrosa
Blütenfüllung	gefüllt
Wuchsform	hochbuschig
Höhe/Breite	100/60 cm
Widerstandsfähigkeit	mittel bis hoch
Duft	reichlich
Sonstiges	sehr schöne Blüte, auch für Schnitt

Memoire

Blütenfarbe	cremeweiß
Blütenfüllung	gefüllt
Wuchsform	hochbuschig
Höhe/Breite	90/60 cm
Widerstandsfähigkeit	mittel bis hoch
Duft	leicht
Sonstiges	sehr schöne Blüte, auch für Schnitt

Edelrosen

Mondiale

Blütenfarbe	lachsrosa
Blütenfüllung	gefüllt
Wuchsform	hochbuschig

Höhe/Breite	90/60 cm
Widerstandsfähigkeit	mittel bis hoch
Duft	kein Duft
Sonstiges	sehr schöne Blüte, gut für Schnitt

Nobilis

Blütenfarbe	orangerot
Blütenfüllung	gefüllt
Wuchsform	hochbuschig

Höhe/Breite	90/60 cm
Widerstandsfähigkeit	mittel
Duft	kein Duft
Sonstiges	sehr schöne Blüte

Nostalgie

Blütenfarbe	cremeweiß, rosarot
Blütenfüllung	gefüllt
Wuchsform	hochbuschig

Höhe/Breite	90/60 cm
Widerstandsfähigkeit	mittel bis hoch
Duft	leicht
Sonstiges	wunderschöne, nostalgische Blüte

Osiana

Blütenfarbe	elfenbeinfarbig
Blütenfüllung	gefüllt
Wuchsform	hochbuschig

Höhe/Breite	90/60 cm
Widerstandsfähigkeit	mittel bis hoch
Duft	leicht
Sonstiges	sehr schöne Blüte, Schnittrose

Parole

Blütenfarbe	karminrosa mit lila Ton
Blütenfüllung	stark gefüllt
Wuchsform	schmalbuschig

Höhe/Breite	90/60 cm
Widerstandsfähigkeit	mittel
Duft	stark
Sonstiges	sehr schöne Blütenwirkung, starker Duft

Polarstern

Blütenfarbe	weiß
Blütenfüllung	gefüllt
Wuchsform	hochbuschig

Höhe/Breite	90/60 cm
Widerstandsfähigkeit	mittel
Duft	leicht
Sonstiges	große, edle Blüte

Edelrosen

Porta Nigra

Blütenfarbe	dunkelrot
Blütenfüllung	gefüllt
Wuchsform	buschig

Höhe/Breite	70/80 cm
Widerstandsfähigkeit	mittel
Duft	leicht
Sonstiges	sehr ansprechende Blütenfarbe

Raissa

Blütenfarbe	dunkelrosa
Blütenfüllung	gefüllt
Wuchsform	schmalbuschig

Höhe/Breite	80/60 cm
Widerstandsfähigkeit	mittel bis hoch
Duft	leicht
Sonstiges	sehr schöne Blüte

Rebell

Blütenfarbe	leuchtend rot
Blütenfüllung	gefüllt
Wuchsform	schmalbuschig

Höhe/Breite	80/60 cm
Widerstandsfähigkeit	mittel bis hoch
Duft	leicht
Sonstiges	sehr schöne Blütenfarbe

Roy Black

Blütenfarbe	weiß
Blütenfüllung	gefüllt
Wuchsform	schmalbuschig

Höhe/Breite	70/60 cm
Widerstandsfähigkeit	mittel bis hoch
Duft	leicht
Sonstiges	sehr schöne Blüte

Savoy Hotel

Blütenfarbe	hellrosa
Blütenfüllung	gefüllt
Wuchsform	buschig

Höhe/Breite	70/70 cm
Widerstandsfähigkeit	mittel
Duft	leicht
Sonstiges	sehr schöne Blüte

Sebastian Kneipp

Blütenfarbe	cremeweiß
Blütenfüllung	stark gefüllt
Wuchsform	hochbuschig

Höhe/Breite	120/80 cm
Widerstandsfähigkeit	mittel bis hoch
Duft	intensiv
Sonstiges	nostalgische Blüte

Edelrosen

Sila

Blütenfarbe	rosa
Blütenfüllung	gefüllt
Wuchsform	schmalbuschig
Höhe/Breite	130/60 cm
Widerstandsfähigkeit	mittel bis hoch
Duft	leicht
Sonstiges	sehr gute Schnittrose

Speelwark

Blütenfarbe	gelb/gelborange
Blütenfüllung	gefüllt
Wuchsform	schmalbuschig
Höhe/Breite	90/60 cm
Widerstandsfähigkeit	mittel bis hoch
Duft	reichlich
Sonstiges	vielfältige Blütenfarbe

Tea Time

Blütenfarbe	kupferorange
Blütenfüllung	gefüllt
Wuchsform	schmalbuschig
Höhe/Breite	70/60 cm
Widerstandsfähigkeit	mittel
Duft	kein Duft
Sonstiges	sehr schöne Blüte

Teutonia

Blütenfarbe	kräftig rosa
Blütenfüllung	gefüllt
Wuchsform	schmalbuschig
Höhe/Breite	80/70 cm
Widerstandsfähigkeit	mittel bis hoch
Duft	kein Duft
Sonstiges	sehr schöne Blüte

The Queen Elizabeth Rose

Blütenfarbe	rosa
Blütenfüllung	gefüllt
Wuchsform	schmalbuschig
Höhe/Breite	120/80 cm
Widerstandsfähigkeit	mittel
Duft	leicht
Sonstiges	altbekannte, bewährte Sorte

Violina

Blütenfarbe	zartrosa
Blütenfüllung	stark gefüllt
Wuchsform	schmalbuschig
Höhe/Breite	100/80 cm
Widerstandsfähigkeit	mittel bis hoch
Duft	leicht
Sonstiges	sehr schöne Blüte

Strauchrosen

Arcadia

Blütenfarbe	rosa
Blütenfüllung	halb gefüllt
Wuchsform	buschig
Höhe/Breite	100/80 cm
Widerstandsfähigkeit	mittel bis hoch
Sonstiges	vielseitig zu verwenden, leichter Duft, ADR-Rose

Armada

Blütenfarbe	rosa/hellrosa
Blütenfüllung	halb gefüllt
Wuchsform	breitbuschig
Höhe/Breite	120/70 cm
Widerstandsfähigkeit	mittel
Sonstiges	schöne Blütenfarbe, ADR-Rose

Ballerina

Blütenfarbe	hellrosa, weißes Auge
Blütenfüllung	einfach
Wuchsform	buschig
Höhe/Breite	120/80 cm
Widerstandsfähigkeit	mittel bis hoch
Sonstiges	reich blühend, Wildrosencharakter

Bischofsstadt Paderborn

Blütenfarbe	leuchtend rot
Blütenfüllung	einfach
Wuchsform	buschig
Höhe/Breite	150/120 cm
Widerstands-fähigkeit	mittel
Sonstiges	leuchtende Farbe, ADR-Rose

Bonanza

Blütenfarbe	goldgelb-kupfrig
Blütenfüllung	halb gefüllt
Wuchsform	breitbuschig
Höhe/Breite	180/150 cm
Widerstands-fähigkeit	mittel bis hoch
Sonstiges	schöne Farbe, kräftig, leichter Duft, ADR-Rose

Bremer Stadtmusikanten

Blütenfarbe	zartrosa
Blütenfüllung	gefüllt
Wuchsform	breitbuschig
Höhe/Breite	120/120 cm
Widerstands-fähigkeit	mittel bis hoch
Sonstiges	sehr schöne Blütenwirkung

Strauchrosen

Burghausen

Blütenfarbe	leuchtend rot
Blütenfüllung	halb gefüllt
Wuchsform	breitbuschig
Höhe/Breite	200/150 cm
Widerstandsfähigkeit	mittel
Sonstiges	reich blühend, ADR-Rose

Caramella

Blütenfarbe	gelborange
Blütenfüllung	gefüllt
Wuchsform	breitbuschig
Höhe/Breite	120/100 cm
Widerstandsfähigkeit	mittel bis hoch
Sonstiges	sehr schöne Blütenfarbe

Centenaire de Lourdes

Blütenfarbe	rosa
Blütenfüllung	gefüllt
Wuchsform	buschig
Höhe/Breite	120/80 cm
Widerstandsfähigkeit	mittel bis hoch
Sonstiges	bewährte Sorte, Wildrosenduft

Cookie

Blütenfarbe	leuchtend rot
Blütenfüllung	gefüllt
Wuchsform	breitbuschig
Höhe/Breite	120/80 cm
Widerstandsfähigkeit	mittel bis hoch
Sonstiges	leuchtende Blütenfarbe, sehr regenfest

Dirigent

Blütenfarbe	scharlachrot
Blütenfüllung	halb gefüllt
Wuchsform	aufrecht
Höhe/Breite	160/150 cm
Widerstandsfähigkeit	mittel bis hoch
Sonstiges	leuchtende Blütenfarbe, ADR-Rose

Eden Rose 85

Blütenfarbe	rosa
Blütenfüllung	stark gefüllt
Wuchsform	breitbuschig
Höhe/Breite	100/120 cm
Widerstandsfähigkeit	mittel bis hoch
Sonstiges	auch als Kletterrose, leichter Duft

Strauchrosen

Estima

Blütenfarbe	hellrosa
Blütenfüllung	gefüllt
Wuchsform	breitbuschig
Höhe/Breite	110/130 cm
Widerstandsfähigkeit	hoch
Sonstiges	sehr schöne Blüte, leichter Duft, ADR-Rose

Felicitas

Blütenfarbe	dunkelrosa
Blütenfüllung	einfach
Wuchsform	breitbuschig
Höhe/Breite	80/120 cm
Widerstandsfähigkeit	hoch
Sonstiges	robust, natürliche Blüte, leichter Duft, ADR-Rose

Ferdy

Blütenfarbe	lachsrosa
Blütenfüllung	halb gefüllt
Wuchsform	breitbuschig
Höhe/Breite	90/120 cm
Widerstandsfähigkeit	mittel bis hoch
Sonstiges	reich blühend, einmal blühend

Freisinger Morgenröte

Blütenfarbe	orangegelb
Blütenfüllung	gefüllt
Wuchsform	hochbuschig

Höhe/Breite	150/120 cm
Widerstandsfähigkeit	mittel
Sonstiges	mehrfarbig, schön, reichlicher Duft

Ghislaine de Feligonde

Blütenfarbe	hellgelb bis kräftig gelb
Blütenfüllung	gefüllt
Wuchsform	breitbuschig

Höhe/Breite	130/120 cm
Widerstandsfähigkeit	hoch
Sonstiges	nostalgische Blüte, sehr schöne alte Strauchrose

Graham Thomas

Blütenfarbe	gelb
Blütenfüllung	stark gefüllt
Wuchsform	buschig

Höhe/Breite	140/100 cm
Widerstandsfähigkeit	mittel bis hoch
Sonstiges	sehr schöne „Englische Rose", intensiver Duft

Strauchrosen

Grandhotel

Blütenfarbe	blutrot
Blütenfüllung	stark gefüllt
Wuchsform	hochbuschig
Höhe/Breite	180/150 cm
Widerstandsfähigkeit	mittel
Sonstiges	kräftige Farbe, ADR-Rose

Hagenbecks Tierpark

Blütenfarbe	dunkelrosa
Blütenfüllung	halb gefüllt
Wuchsform	breitbuschig
Höhe/Breite	130/120 cm
Widerstandsfähigkeit	hoch
Sonstiges	lange Blüte, einmal blühend, ADR-Rose

Hannovers Weiße

Blütenfarbe	weiß
Blütenfüllung	einfach
Wuchsform	breitbuschig
Höhe/Breite	140/130 cm
Widerstandsfähigkeit	hoch
Sonstiges	schöne Blüte, ADR-Rose

Heidekönigin

Blütenfarbe	lachsrosa
Blütenfüllung	gefüllt
Wuchsform	flachbuschig

Höhe/Breite	120/200 cm
Widerstands-fähigkeit	hoch
Sonstiges	auch Bodendecker, leichter Wildrosenduft

Kordes Brilliant

Blütenfarbe	orangerot
Blütenfüllung	halb gefüllt
Wuchsform	buschig

Höhe/Breite	180/140 cm
Widerstands-fähigkeit	mittel
Sonstiges	besondere Farbe, leuchtend

Lichtkönigin Lucia

Blütenfarbe	zitronengelb
Blütenfüllung	gefüllt
Wuchsform	buschig

Höhe/Breite	120/80 cm
Widerstands-fähigkeit	mittel bis hoch
Sonstiges	schöne Strauchrose, leichter Duft, ADR-Rose

Strauchrosen

Marguerite Hilling

Blütenfarbe	rosa
Blütenfüllung	halb gefüllt
Wuchsform	buschig

Höhe/Breite	200/180 cm
Widerstandsfähigkeit	mittel bis hoch
Sonstiges	einmal blühend, altbekannte Sorte

Mein schöner Garten

Blütenfarbe	rosa, im Aufblühen lachsrosa
Blütenfüllung	gefüllt
Wuchsform	breitbuschig

Höhe/Breite	120/90 cm
Widerstandsfähigkeit	mittel bis hoch
Sonstiges	ansprechende Blüte, leichter Duft

Meillands Rose Stadt Hildesheim

Blütenfarbe	lachsrosa
Blütenfüllung	einfach
Wuchsform	breitbuschig

Höhe/Breite	80/90 cm
Widerstandsfähigkeit	mittel bis hoch
Sonstiges	reich blühend

Mozart

Blütenfarbe	rosa mit weißem Auge
Blütenfüllung	einfach
Wuchsform	breitbuschig
Höhe/Breite	100/100 cm
Widerstandsfähigkeit	hoch
Sonstiges	reich blühend, Wildrosencharakter

Nemo

Blütenfarbe	weiß
Blütenfüllung	einfach
Wuchsform	flachbuschig
Höhe/Breite	70/140 cm
Widerstandsfähigkeit	hoch
Sonstiges	sehr schöne Blüte, leichter Duft, ADR-Rose

Northern Lights

Blütenfarbe	dunkelrosa
Blütenfüllung	einfach bis halb gefüllt
Wuchsform	breitbuschig
Höhe/Breite	140/140 cm
Widerstandsfähigkeit	hoch
Sonstiges	vielseitig zu verwenden, leichter Duft, ADR-Rose

Strauchrosen

Pink Meidiland

Blütenfarbe	rosa mit Auge
Blütenfüllung	einfach blühend
Wuchsform	buschig
Höhe/Breite	120/80 cm
Widerstandsfähigkeit	mittel bis hoch
Sonstiges	schöne Blüte, ADR-Rose

Pink Robusta

Blütenfarbe	rosa
Blütenfüllung	einfach blühend
Wuchsform	buschig
Höhe/Breite	200/160 cm
Widerstandsfähigkeit	mittel
Sonstiges	sehr schöne Blüte

Postillion

Blütenfarbe	gelb
Blütenfüllung	gefüllt
Wuchsform	hochbuschig
Höhe/Breite	160/120 cm
Widerstandsfähigkeit	hoch
Sonstiges	robuste Strauchrose, reichlicher Duft, ADR-Rose

Ravenna

Blütenfarbe	rosarot/hellrosa
Blütenfüllung	einfach
Wuchsform	buschig
Höhe/Breite	100/100 cm
Widerstandsfähigkeit	hoch
Sonstiges	sehr schöne Blüte, ADR-Rose

Red Meidiland

Blütenfarbe	dunkelrot mit Auge
Blütenfüllung	einfach
Wuchsform	flachbuschig
Höhe/Breite	70/100 cm
Widerstandsfähigkeit	mittel
Sonstiges	auch Bodendecker

Robusta

Blütenfarbe	blutrot
Blütenfüllung	einfach blühend
Wuchsform	buschig
Höhe/Breite	200/110 cm
Widerstandsfähigkeit	mittel
Sonstiges	leuchtendes Rot, ADR-Rose

Strauchrosen

Rödinghausen

Blütenfarbe	scharlachrot
Blütenfüllung	halb gefüllt
Wuchsform	buschig
Höhe/Breite	130/130 cm
Widerstandsfähigkeit	hoch
Sonstiges	ADR-Rose, starkwüchsig

Romanze

Blütenfarbe	dunkelrosa
Blütenfüllung	halb gefüllt
Wuchsform	buschig
Höhe/Breite	130/80 cm
Widerstandsfähigkeit	mittel
Sonstiges	auch für Schnitt, leichter Duft, edle Blüte, ADR-Rose

Rosario

Blütenfarbe	rosa
Blütenfüllung	gefüllt
Wuchsform	breitbuschig
Höhe/Breite	150/130 cm
Widerstandsfähigkeit	mittel
Sonstiges	sehr schöne Blütenwirkung

Rosenresli

Blütenfarbe	lachsrosa
Blütenfüllung	gefüllt
Wuchsform	breitbuschig

Höhe/Breite	120/120 cm
Widerstandsfähigkeit	mittel bis hoch
Sonstiges	ADR-Rose, dekorativ, Duft

Rosenstadt Freising

Blütenfarbe	weiß/rosa mit roter Randzeichnung
Blütenfüllung	gefüllt
Wuchsform	breitbuschig

Höhe/Breite	120/100 cm
Widerstandsfähigkeit	mittel bis hoch
Sonstiges	sehr schöne Blütenwirkung

Rote Max Graf

Blütenfarbe	rot mit Auge
Blütenfüllung	einfach
Wuchsform	breitbuschig

Höhe/Breite	70/200 cm
Widerstandsfähigkeit	hoch
Sonstiges	guter Bodendecker

Strauchrosen

Rugelda

Blütenfarbe	zitronengelb
Blütenfüllung	gefüllt
Wuchsform	buschig

Höhe/Breite	180/120 cm
Widerstandsfähigkeit	mittel bis hoch
Sonstiges	wuchsstark, leichter Duft, ADR-Rose

Saremo

Blütenfarbe	hellrosa
Blütenfüllung	gefüllt
Wuchsform	breitbuschig

Höhe/Breite	110/120 cm
Widerstandsfähigkeit	hoch
Sonstiges	ansprechende Blüte, leichter Duft, ADR-Rose

Schneewittchen

Blütenfarbe	weiß
Blütenfüllung	gefüllt
Wuchsform	buschig

Höhe/Breite	160/130 cm
Widerstandsfähigkeit	mittel
Sonstiges	schönste weiße Strauchrose, leichter Duft, ADR-Rose

Sommerabend

Blütenfarbe	rot
Blütenfüllung	einfach
Wuchsform	flach
Höhe/Breite	40/180 cm
Widerstandsfähigkeit	hoch
Sonstiges	sehr schöne Blüte, ADR-Rose

Triade

Blütenfarbe	leuchtend dunkelrot
Blütenfüllung	halb gefüllt
Wuchsform	breitbuschig
Höhe/Breite	140/130 cm
Widerstandsfähigkeit	hoch
Sonstiges	ansprechende Blüte, ADR-Rose

Venice

Blütenfarbe	weiß
Blütenfüllung	einfach
Wuchsform	breitbuschig
Höhe/Breite	100/130 cm
Widerstandsfähigkeit	hoch
Sonstiges	sehr schöne Blüte, ADR-Rose

Strauchrosen

Vogelpark Walsrode

Blütenfarbe	hellrosa
Blütenfüllung	halb gefüllt
Wuchsform	buschig
Höhe/Breite	150/140 cm
Widerstandsfähigkeit	mittel bis hoch
Sonstiges	schöne Blüte, ADR-Rose

Westerland

Blütenfarbe	orange/lachs-/apricotfarben
Blütenfüllung	halb gefüllt
Wuchsform	buschig
Höhe/Breite	150/150 cm
Widerstandsfähigkeit	hoch
Sonstiges	dekorative Blüte, reichlicher Duft, ADR-Rose

Weiße Immensee

Blütenfarbe	weiß
Blütenfüllung	einfach
Wuchsform	flachbuschig
Höhe/Breite	50/200 cm
Widerstandsfähigkeit	hoch bis sehr hoch
Sonstiges	dekorative Wildrosenblüte, reichlicher Duft

Windrose

Blütenfarbe	hellrosa
Blütenfüllung	halb gefüllt
Wuchsform	hochbuschig
Höhe/Breite	110/80 cm
Widerstands-fähigkeit	hoch
Sonstiges	kräftiger Wuchs, leichter Duft, ADR-Rose

Yellow Romantica

Blütenfarbe	leuchtend hellgelb
Blütenfüllung	stark gefüllt
Wuchsform	breitbuschig
Höhe/Breite	150/100 cm
Widerstands-fähigkeit	mittel
Sonstiges	sehr schöne Blütenwirkung

Yesterday

Blütenfarbe	hellrosa
Blütenfüllung	halb gefüllt
Wuchsform	breitbuschig
Höhe/Breite	60/100 cm
Widerstands-fähigkeit	hoch
Sonstiges	reich blühend, ADR-Rose

Rosa rugosa-ähnliche Sorten

Abkömmlinge der Kartoffelrose (Rosa rugosa) wie „Dagmar Hastrup" oder „Moje Hammerberg" sind altbekannte Sorten. Mit dem Trend zur naturnahen Gestaltung von Gärten und Grünanlagen wurden in dieser Rosengruppe Neuzüchtungen mit neuen Blüten- und Wuchsformen auf den Markt gebracht. Während fast alle Sorten gute Eigenschaften wie hohe Widerstandsfähigkeit gegenüber Krankheiten, sehr schöne Blütenwirkung, intensiven Duft und reichhaltigen Hagebuttenansatz zeigen, ist jedoch einer breiteren Verwendung der Rugosasorten im Haus- und Hobbygarten durch den großen Platzbedarf Grenzen gesetzt. Bei schlechter Witterung ist die Blütenreinigung schlecht. Bei Staunässe, an Standorten mit Bodenverdichtung und bei zu hohen pH-Werten zeigen die Pflanzen starke Blattaufhellungen (Blattchlorosen). Bei Trockenheit ist oft ein starker Spinnmilbenbefall zu beobachten, der Blattaufhellungen und Kümmerwuchs bewirkt.

Baum's Rokoko

Blütenfarbe	blaurosa
Blütenfüllung	halb gefüllt
Wuchsform	breitbuschig
Höhe/Breite	130/130 cm
Widerstandsfähigkeit	sehr hoch
Duft	überragender Duft
Sonstiges	schöne Blüte, ADR-Rose

Dagmar Hastrup

Blütenfarbe	hellrosa
Blütenfüllung	einfach
Wuchsform	buschig
Höhe/Breite	110/120 cm
Widerstandsfähigkeit	sehr hoch
Duft	leichter Duft
Sonstiges	große dekorative Blüte

Gelbe Dagmar Hastrup

Blütenfarbe	gelb
Blütenfüllung	halb gefüllt
Wuchsform	breitbuschig

Höhe/Breite	80/100 cm
Widerstandsfähigkeit	hoch
Duft	leichter Duft
Sonstiges	öfter blühende Rugosahybride

Hansa

Blütenfarbe	rötlich violett
Blütenfüllung	halb gefüllt
Wuchsform	breitbuschig

Höhe/Breite	130/150 cm
Widerstandsfähigkeit	sehr hoch
Duft	reichlicher Duft
Sonstiges	bildet kräftige Pflanzen, Ausläufer

Pink Roadrunner

Blütenfarbe	hellblaurosa
Blütenfüllung	halbgefüllt
Wuchsform	buschig

Höhe/Breite	100/100 cm
Widerstandsfähigkeit	hoch bis sehr hoch
Duft	reichlicher Duft
Sonstiges	starker Duft, gelegentlich nachblühend, ADR-Rose

Rosa rugosa-ähnliche Sorten

Polareis

Blütenfarbe	weiß
Blütenfüllung	halb gefüllt
Wuchsform	breitbuschig
Höhe/Breite	100/100 cm
Widerstandsfähigkeit	hoch
Duft	reichlicher Duft
Sonstiges	sehr schöne Blüte

Rosa rugosa Foxi

Blütenfarbe	karminrosa
Blütenfüllung	halb gefüllt
Wuchsform	breitbuschig
Höhe/Breite	100/120 cm
Widerstandsfähigkeit	sehr hoch
Duft	intensiver Duft
Sonstiges	nachblühend, ADR-Rose

Rosa rugosa Pierette

Blütenfarbe	karminrosa/violett
Blütenfüllung	halb gefüllt
Wuchsform	breitbuschig
Höhe/Breite	140/140 cm
Widerstandsfähigkeit	sehr hoch
Duft	reichlicher Duft
Sonstiges	schöne Blüte, ADR-Rose

Rote Apart

Blütenfarbe	lilarosa
Blütenfüllung	halb gefüllt
Wuchsform	breitbuschig

Höhe/Breite	110/110 cm
Widerstandsfähigkeit	sehr hoch
Duft	sehr intensiver Duft
Sonstiges	schöne Blüte, ADR-Rose

Rotes Meer

Blütenfarbe	karminrosa/hellviolett
Blütenfüllung	halb gefüllt
Wuchsform	breitbuschig

Höhe/Breite	120/120 cm
Widerstandsfähigkeit	sehr hoch
Duft	überragender Duft
Sonstiges	schöne Blüte, ADR-Rose

Smart Roadrunner

Blütenfarbe	violettrosa
Blütenfüllung	halb gefüllt
Wuchsform	buschig

Höhe/Breite	90/90 cm
Widerstandsfähigkeit	hoch bis sehr hoch
Duft	starker Duft
Sonstiges	gelegentlich nachblühend, ADR-Rose

Kletterrosen

Bobby James

Blütenfarbe	weiß
Blütenfüllung	einfach, große Blütenbüschel
Wuchsform	ca. 5 m lange Triebe
Widerstandsfähigkeit	hoch
Sonstiges	überreich blühend, einmal blühend, Wildrosenduft

Compassion

Blütenfarbe	rosa
Blütenfüllung	gefüllt
Wuchsform	ca. 2,5 m lange Triebe
Widerstandsfähigkeit	mittel bis hoch
Sonstiges	edle Blüte, intensiver Duft, ADR-Rose

Constance Spry

Blütenfarbe	reinrosa
Blütenfüllung	stark gefüllt
Wuchsform	ca. 2 m lange Triebe bildend
Widerstandsfähigkeit	mittel
Sonstiges	überreich blühend, einmal blühend

Dortmund

Blütenfarbe	rot mit Auge
Blütenfüllung	einfach
Wuchsform	ca. 3 m lange Triebe
Widerstands-fähigkeit	hoch bis sehr hoch
Sonstiges	ansprechende Blüte, ADR-Rose

Flammentanz

Blütenfarbe	rot
Blütenfüllung	gefüllt
Wuchsform	ca. 4 m lange dicke Triebe
Widerstands-fähigkeit	hoch
Sonstiges	einmal, aber lange blühend, ADR-Rose

Golden Showers

Blütenfarbe	gelb
Blütenfüllung	halb gefüllt
Wuchsform	ca. 2 m lange Triebe
Widerstands-fähigkeit	mittel
Sonstiges	leuchtend gelbe Blüte, leichter Duft

Kletterrosen

Harlekin

Blütenfarbe	weiß mit rotem Rand
Blütenfüllung	gefüllt
Wuchsform	ca. 3 m lange Triebe
Widerstandsfähigkeit	mittel
Sonstiges	sehr schöne Blüte, Wildrosenduft

Ilse Krohn Superior

Blütenfarbe	weiß
Blütenfüllung	stark gefüllt
Wuchsform	ca. 3 m lange Triebe
Widerstandsfähigkeit	mittel bis hoch
Sonstiges	reichlicher Duft, viele Blütenblätter

Kir Royal

Blütenfarbe	altrosa
Blütenfüllung	gefüllt
Wuchsform	ca. 3 m lange Triebe, stark wachsend
Widerstandsfähigkeit	hoch
Sonstiges	wunderschöne Blüte, leichter Duft, ADR-Sorte, einmal blühend

Lawinia

Blütenfarbe	karminrosa
Blütenfüllung	gefüllt
Wuchsform	ca. 2,5 m lange Triebe
Widerstands-fähigkeit	mittel
Sonstiges	sehr schöne Blüte, reichlicher Duft

Manita

Blütenfarbe	rosa, gelbes Auge
Blütenfüllung	halb gefüllt
Wuchsform	ca. 2,5 m lange Triebe
Widerstands-fähigkeit	hoch
Sonstiges	sehr schöne Blüte, ADR-Sorte, Wildrosenduft

Momo

Blütenfarbe	karminrot
Blütenfüllung	gefüllt
Wuchsform	ca. 2 m lange Triebe
Widerstands-fähigkeit	mittel bis hoch
Sonstiges	sehr schöne zierliche Blüte

Kletterrosen

Morning Jewel

Blütenfarbe	karminrosa
Blütenfüllung	gefüllt
Wuchsform	ca. 3 m lange Triebe
Widerstandsfähigkeit	mittel bis hoch
Sonstiges	sehr schöne Blüte, ADR-Rose, reichlicher Duft

New Dawn

Blütenfarbe	hellrosa
Blütenfüllung	gefüllt
Wuchsform	ca. 3 m lange verzweigte Triebe
Widerstandsfähigkeit	sehr hoch
Sonstiges	stark wachsend, sehr robust, schön, leichter Apfelduft

Pauls Scarlet Climber

Blütenfarbe	rot
Blütenfüllung	gefüllt
Wuchsform	ca. 3 m lange Triebe
Widerstandsfähigkeit	hoch
Sonstiges	bewährte Sorte, schöne Blüte

Rambling Rector

Blütenfarbe	weiß
Blütenfüllung	halb gefüllt
Wuchsform	ca. 5 m lange Triebe
Widerstandsfähigkeit	hoch
Sonstiges	überreich blühend, einmal blühend, leicht duftend

Rosarium Uetersen

Blütenfarbe	tiefrosa
Blütenfüllung	stark gefüllt
Wuchsform	ca. 2 m lange Triebe
Widerstandsfähigkeit	hoch
Sonstiges	reich blühend, leichter Duft, vielseitig zu verwenden

Rotfassade

Blütenfarbe	leuchtend rot
Blütenfüllung	einfach
Wuchsform	ca. 1,8 m lange Triebe
Widerstandsfähigkeit	hoch
Sonstiges	sehr schöne Blütenwirkung, ADR-Rose

Kletterrosen

Salita

Blütenfarbe	rot mit orange
Blütenfüllung	gefüllt
Wuchsform	ca. 2,5 m lange Triebe
Widerstandsfähigkeit	mittel
Sonstiges	besondere Farbe

Santana

Blütenfarbe	dunkelrot
Blütenfüllung	gefüllt
Wuchsform	ca. 2,5 m lange Triebe
Widerstandsfähigkeit	mittel
Sonstiges	leuchtende Blütenfarbe

Sympathie

Blütenfarbe	scharlachrot
Blütenfüllung	gefüllt
Wuchsform	ca. 3 m lange Triebe
Widerstandsfähigkeit	mittel
Sonstiges	leuchtende Farbe, ADR-Rose, leichter Duft

Super Dorothy

Blütenfarbe	rosa
Blütenfüllung	stark gefüllt
Wuchsform	ca. 2,5 m lange dünne Triebe
Widerstandsfähigkeit	mittel bis hoch
Sonstiges	sehr schöne Blüte

Super Excelsa

Blütenfarbe	dunkelrosarot
Blütenfüllung	stark gefüllt
Wuchsform	ca. 2,2 m lange dünne Triebe
Widerstandsfähigkeit	hoch
Sonstiges	dichter Blütenstand, ADR-Rose

Tradition

Blütenfarbe	leuchtend rot
Blütenfüllung	halb gefüllt
Wuchsform	ca. 3 m lange Triebe
Widerstandsfähigkeit	mittel bis hoch
Sonstiges	sehr schöne Blüte, bei starkem Frost schützen

Allgemeine Deutsche Rosenneuheitenprüfung

Beurteilung von Zierwert und Widerstandsfähigkeit

Züchtungsfortschritt hat bei der Rose Neuheiten mit hervorragenden Eigenschaften und vielfältigen Verwendungsmöglichkeiten hervorgebracht. Schon 1950 erkannten die Rosenzüchter, dass bei der Breite des Rosensortimentes eine Prüfung und Bewertung der Neuheiten notwendig ist, um Neuzüchtungen verwendungsgerecht zu beurteilen und um das Sortenbewusstsein zu schärfen. Aus diesen zwingenden Überlegungen heraus wurde vor etwa 50 Jahren die ADR-Prüfung von dem Rosenzüchter Wilhelm Kordes gegründet.

Bewertung

Im Wandel der Zeit veränderten sich die Züchtungsziele. Neue Farben, Blütenformen, vielfältig zu verwendende Wuchsformen wurden geschaffen. Die Konzeption der ADR-Prüfung veränderte sich entsprechend. An elf Standorten werden zz. die Eigenschaften der Neuheiten in drei Prüfjahren anhand von Merkmalen wie Winterhärte, Reichblütigkeit, Wirkung der Blüte, Duft oder Wuchsform bewertet. Aus den mehrjährigen Werten werden beim Bundessortenamt die Ergebnisse als Jahres- und Ortsmittelwerte zusammengestellt. Die Gesamtmittelwerte werden auf der ADR-Jahrestagung diskutiert. Anschließend werden die ADR-Sorten eines Prüfjahres gekürt.

ADR-Arbeitskreis

Heute ist die ADR ein Arbeitskreis aus Bund deutscher Baumschulen (BdB), Rosenzüchtern und unabhängigen Prüfungsgärten. Sichtungsergebnisse der ADR-Prüfung werden jedes Jahr auf einer gemeinsamen Tagung diskutiert. Die vorherige Auswertung der Daten erfolgt beim Bundessortenamt. Auf BdB-Ebene erfolgt eine enge Zusammenarbeit mit der BdB-Geschäftsstelle und dem BdB-Fachausschuss Rosen.

Gesundheit

Das Wichtigste der Bewertung ist jedoch die Widerstandsfähigkeit. Die ADR-Prüfsorten wachsen an den elf Standorten ohne Pflanzenschutzmittelbehandlung, um Zierwert und Robustheit der Neuheiten anhand ihrer natürlichen Eigenschaften zu beurteilen. Das ADR-Zeichen wird einer Sorte bei Erreichen eines bestimmten Qualitätsstandards verliehen.

ADR-Sorten

In der ADR-Prüfung standen mittlerweile über 1.500 Sorten. Jedes Jahr werden etwa 40 Sorten aller Rosenklassen geprüft. Bis 2002 wurde das ADR-Qualitätszeichen an 135 Sorten verliehen. Es wird allerdings von der ADR-Jury aberkannt, wenn eine ADR-Rose nach Jahren nicht mehr ihre guten Eigenschaften – besonders die Gesundheit – aufweist. Über 20 Sorten wurden aus der ADR-Liste gestrichen, da sie den heutigen ADR-Kriterien nicht mehr entsprechen, durch bessere Sorten ersetzt wurden oder nicht mehr produziert werden. Die Ergebnisse der ADR-Prüfung können beim Bund deutscher Baumschulen (BdB) e. V., Bismarkstraße 49, 25421 Pinneberg, oder im Internet unter **www.adr-rose.de** abgerufen werden.

Ab 1975 wurde die Bewertung der Neuzüchtungen durch stärkere Wertung der Widerstandsfähigkeit verschärft. Einige als mittel widerstandsfähig eingestufte ADR-Sorten sind in der ADR-Listen weiterhin aufgeführt, da sie wegen besonderer Eigenschaften zz. noch empfehlenswert sind.

Für eine umweltschonende Kultur und Verwendung von Rosen für das private und öffentliche Grün trägt die ADR somit wesentlich dazu bei, dass Produzenten und Verbrauchern fundierte Informationen zur Beurteilung des Rosensortimentes an die Hand gegeben werden.

Rosarien, Rosengärten, Rosenanlagen, Rosendörfer

Baden-Baden:
Gartenamt, Winterhalterstr. 6,
76530 Baden-Baden,
Gönneranlage, Lichtentaler Allee;
2.500 Rosen in 350 Arten und Sorten
Rosenneuheitengarten, Auf dem Beutig, Moltkestraße;
5.000 Rosen in 200 Arten und Sorten

Bad Nauheim-Steinfurth:
Schau- und Prüfungsgarten der Rosen-Union,
Steinfurther Hauptstraße 25,
61231 Bad Nauheim-Steinfurth;
800 Rosen in 250 Sorten

Bad Wörishofen:
Rosarium im städtischen Kurpark,
Bürgermeister-Ledermann-Straße 1,
86825 Bad Wörishofen;
5.000 Rosen in 500 Arten und Sorten

Berlin:
Rosengarten im Großen Tiergarten,
Gartenbauamt, Straße des 17. Juni Nr. 31,
10785 Berlin; 5.300 Rosen in 110 Sorten
Rosengarten im Volkspark Mariendorf,
Prühßstraße; Naturschutz- und Grünflächenamt Tempelhof, Manteuffelstr. 63, 12103 Berlin,
1.700 Rosen in 20 Sorten

Rhodeländerweg 87, 12355 Berlin,
1.700 Rosen in 20 Arten und Sorten

Bonn:
Grünflächenamt, Berliner Platz 2, 53103 Bonn
Rosengarten rechts vom Rhein,
Landgrabenweg; 17.500 Rosen in 650 Arten und Sorten Rosengarten links vom Rhein,
Erhardstraße; 5.800 Rosen in 65 Arten und Sorten

Braunschweig
Rosengarten im Botanischen Garten der techn.
Universität, Humboldtstraße 1,
38023 Braunschweig;
500 Rosen in 150 Arten und Sorten

Coburg:
Rosengarten Coburg, Am Anger,
Grünflächenamt, Glockenberg 27,
96450 Coburg; 6.500 Rosen in 65 Sorten

Darmstadt:
Park Rosenhöhe Darmstadt, Wolfskehlstraße,
64287 Darmstadt; Gartenamt der Stadt
Darmstadt, 64283 Darmstadt;
10.000 Rosen in 290 Arten und Sorten

Delitzsch:
Rosengarten Delitzsch, Am Wallgraben,
Stadtverwaltung, 04509 Delitzsch, Markt;
Betreuer; Freundeskreis Rosen (K.-H.)
Rindsland, Erzberger Str. 2; 5.000 Rosen in
300 Arten und Sorten; Rosen im Stadtbereich

Dornburg/Saale:
Dornburger Schlösser, 0778 Dornburg/Saale;
Stiftung Weimarer Klassik, 0778 Dornburg;
3.500 Rosenpflanzen, Alte Kletterrosen

Dortmund:
Deutsches Rosarium VDR; Dortmund-
Westfalenpark, An der Buschmühle 33, 44139
Dortmund: Grünflächenamt, Botanischer
Garten Rombergpark, Am Rombergpark 49 b,
44225 Dortmund; 30.000 Rosen in 350 Arten
und Sorten

Dresden:
Rosengarten am Carusufer, Landeshauptstadt
Dresden, Grünflächenamt, SGL Grünanlagen-
Parkpflege (Steinmann), Bodenbacher Str. 36-
40, 01277 Dresden; 18.300 Rosen in 90 Arten
und Sorten

Essen:
Rosengarten im Gruga-Park,
Külshammerweg 32, 45133 Essen;
6.000 Rosen in 60 Arten und Sorten

Eutin:
Rosengarten, Am Rosengarten, 23701 Eutin;
Stadtbauamt, Lübecker St. 17, 23701 Eutin;
2.500 Rosen in 15 Arten und Sorten

Forst:
Ostdeutscher Rosengarten; Stadtverwaltung
Forst, Amt 43, Rosengarten, Wehrinselstr. 42,
03149 Forst/Lausitz;
35.000 Rosen in 400 Arten und Sorten

Frankfurt/Main:
Rosengarten und Rosenneuheiten-Garten im
Palmengarten, Siesmayerstraße 61,
60323 Frankfurt/Main;
10.000 Rosen in 700 Arten und Sorten

Glücksburg:
Schlosspark Rosarium Glücksburg,
Am Schlosspark 2b, 24960 Glücksburg;
Rosen von mehr als 500 Arten und Sorten

Hamburg:
Rosengarten im Hamburger Stadtpark,
Saarland Straße 67, Hamburg-Nord,
Gartenbaustelle, Eppendorfer Landstr. 50,
20249 Hamburg;
9.500 Rosen in 700 Arten und Sorten
Rosengarten in Planten und Blomen,
Tiergartenstr., Hamburg Mitte, Bauamt,
Glacischaussee 20, 20359 Hamburg;
3.000 Rosen in 300 Sorten

Hannover:
Rosengarten im Stadtpark Hannover, Theodor-
Heuss-Platz, Grünflächenamt, Langensalzastr.
17, 30169 Hannover;
5.300 Rosen in 140 Sorten

Heidelberg:
Rosen in öffentlichen Grünanlagen;
Landschaftsamt Heidelberg, Kornmarkt 1,
69117 Heidelberg;
100.000 Rosen in 30 Sorten

Hof:
Rosarium im Botanischen Garten,
Stadtgartenamt Hof, Münch-Ferber-Str. 10,
95028 Hof;
1.600 Rosen in 80 Sorten

Karlsruhe:
Rosengarten im Stadtgarten, Gartenbauamt,
Markgrafenstr. 14, 76131 Karlsruhe;
15.000 Rosen in 190 Arten und Sorten

Kassel:
Strauchrosensammlung Park Wilhelmshöhe,
Verein Roseninsel Park Wilhelmshöhe,
Wilhelmshöher Weg 37, 34128 Kassel;
Gartenverwaltung Park Wilhelmshöhe,
Kavaliershaus, 34131 Kassel;
1.600 Rosen in 900 Arten und Sorten
Rosenhang im Staatspark Karlsaue,
Gartenverwaltung, Auedamm 18, 34121 Kassel:
im Wiederaufbau

Lahr:
Rosengarten im Stadtpark Lahr, Kaiserstr. 101,
77933 Lahr, Stadtbauamt, Abt. Öffentliches
Grün und Freiflächen, Am Stadtpark 2,
77933 Lahr;
1.900 Rosen in 270 Arten und Sorten

Ludwigsburg:
Rosengarten, Blühendes Barock, Marbacher
Str., Verwaltung des Blühenden Barocks,
Mömpelgardstr. 28, 71640 Ludwigsburg;
10.000 Rosen in 250 Arten und Sorten

Mainau:
Italienischer Rosengarten, Straße der Wild-
und Strauchrosen, Roseninformationsgarten;
Blumeninsel Mainau GmbH, Park und Garten,
78465 Insel Mainau;
30.000 Rosen in 1.300 Arten und Sorten

Mainz:
Rosengarten im Stadtpark, Göttelmannstr.,
Amt für Grünanlagen und Naherholung,
Geschwister-Scholl-Str. 4, 55131 Mainz;
7.500 Rosen in 130 Sorten

Mannheim:
Grünflächenamt, Collinistr. 1, 68161
Mannheim; Stadtpark Mannheim GmbH,
Garenschauweg 12, 68165 Mannheim;
Herzogenriedpark, Hochuferstr. 27,
68167 Mannheim;
6.000 Rosen in 240 Arten und Sorten
Luisenpark;
2.000 Rosen in 65 Arten und Sorten

Marburg:
Rosengarten im Schloßpark; Garten- und
Friedhofsamt, Ockershäuser Allee 5,
35037 Marburg;
7.500 Rosen in 65 Arten und Sorten

München:
Stadtgärtendirektion, Eduard-Schmid-Str. 36,
81541 München;
Rosensichtungsgarten, Sachsenstr. 8;
5.000 Rosen in 220 Arten und Sorten
Rosengarten im Westpark (IGA 83),
Westendstr.; 25.000 Rosen in 420 Arten und Sorten
Rosenanlagen im Stadtgebiet;
75.000 Rosen in 90 Arten und Sorten

Pinneberg:
Rosengarten Pinneberg; Garten- und
Friedhofsabteilung, Hogenkamp 34,
25421 Pinneberg;
9.000 Rosen in 80 Sorten

Pyrmont:
Kurpark Bad Pyrmont, Zimmermannstr. 29,
31812 Bad Pyrmont;
1.200 Rosen in 20 Sorten

Rethmar:
Sortenschutzprüfung Rosen; Bundessortenamt-Prüfstelle Rethmar, Hauptstr. 1,
31319 Sehnde-Rethmar, Tel: 05138-608640
5.000 Rosen in 1.600 Arten und Sorten

Saarbrücken:
Rosengarten im deutsch-französischen Garten,
Amt für Grünanlagen und Forsten,
Nassauerstr. 4, 66111 Saarbrücken;
8.000 Rosen in 120 Arten und Sorten

Sangerhausen:
Europa-Rosarium Sangerhausen, Steinberger Weg 3, 06526 Sangerhausen;
Stadtverwaltung Sangerhausen, Markt 1,
06526 Sangerhausen;
50.000 Rosen in 6.500 Arten und Sorten

Seppenrade:
Rosengarten Seppenrade, Hauptstraße 22,
59348 Seppenrade,
25.000 Rosen in 500 Arten und Sorten

Sparrieshoop:
Kordes-Rosengarten, Rosenstraße 54,
25365 Klein Offenseth-Sparrieshoop;
3.200 Rosen in 270 Arten und Sorten

Stuttgart:
Höhenpark Killesberg; Gartenbauamt, Am Kocherhof 16, 70192 Stuttgart;
Tal der Rosen, Am Kocherhof 16;
18.000 Rosen in 400 Arten und Sorten
Rosengarten der Villa Berg; Sidlstr.;
1.800 Rosen in 30 Sorten

Trier:
Rosengarten im Nells-Park, Am Verteilerring;
Garten- und Friedhofsamt, Gärtnerstr. 62,
54224 Trier;
7.000 Rosen in 550 Arten und Sorten

Torgau:
Rosengarten, Schlossstr. 27, 04860 Torgau;
450 Rosenpflanzen in 35 Arten und Sorten

Uetersen:
Rosarium Uetersen, Berliner Str.; Bauamt,
Wassermühlenstr. 7, 25436 Uetersen;
35.000 Rosen in 890 Arten und Sorten

Ulm:
Elendsgarten, An der Adlerbastei, 89073 Ulm;
Garten- und Friedhofsamt, Münchner Str. 13,
89070 Ulm;
650 Rosen in 80 Arten und Sorten

Walsrode:
Rosenhöhe im Vogelpark Walsrode, Am Rieselbach, 29664 Walsrode;
13.000 Rosen in 25 Arten und Sorten

Weihenstephan:
Rosengarten des Sichtungsgartens; Institut für Stauden und Gehölze, Am Staudengarten,
85354 Freising, Post: 85350 Freising;
250 Rosen in 150 Arten und Sorten

Zweibrücken:
Grünflächenverwaltung, Gymnasiumstr. 5–7,
66468 Zweibrücken, Europas Rosengarten Zweibrücken, Rosengartenstraße;
60.000 Rosen in 2.000 Arten und Sorten
Wildrosengarten, Fasaneriestr.;
5.000 Rosen in 800 Arten und Sorten

Alphabetisches Sortenregister

	Beetrosen	Kleinstrauch-rosen	Edelrosen	Strauchrosen	Rosa rugosa-ähnliche Rosen	Kletterrosen	Seite
Aachener Dom			x				70
Alba Meidiland		x					50
Alexander			x				70
Ambiente			x				70
Andalusien	x						32
Angela		x					50
Apéritif			x				71
Apfelblüte		x					50
Aprikola	x						32
Arcadia				x			90
Armada				x			90
Arosia			x				71
Aspirin-Rose	x						32
Astrid Lindgren		x					51
Bad Birnbach	x						33
Bad Wörishofen	x						33
Ballerina				x			90
Banzai			x				71
Barkarole			x				72
Baum's Rokoko					x		108
Bayernland	x						33
Bella Rosa	x						34
Bernstein-Rose	x						34
Berolina			x				72
Bingo Meidiland		x					51
Bischofsstadt Paderborn				x			91
Blanche Cascade		x					51
Blühwunder	x						34
Bobby James						x	112
Bonanza				x			91
Bonica 82		x					52
Brautzauber	x						35
Bremer Stadtmusikanten				x			91
Burghausen				x			92
Burgund 81			x				72
Canary			x				73
Caprice de Meilland			x				73
Caramella				x			92
Carina			x				73
Celina	x						35
Centenaire de Lourdes					x		92
Charles Austin	x						35

Alphabetisches Sortenregister

	Beetrosen	Kleinstrauch-rosen	Edelrosen	Strauchrosen	Rosa rugosa-ähnliche Rosen	Kletterrosen	Seite
Charmant	x						36
Chorus	x						36
Cherry Brandy			x				74
Christel von der Post			x				74
Christoph Columbus			x				74
Compassion						x	112
Constance Spry						x	112
Cookie				x			93
Crimson Meidiland	x						36
Dagmar Hastrup					x		108
Danica		x					52
Diadem		x					52
Diamant	x						37
Diamond Border		x					53
Dietrich Woessner	x						37
Dirigent				x			93
Dolly	x						37
Doris Tystermann			x				75
Dortmund						x	113
Dortmunder Kaiserhain		x					53
Duftgold			x				75
Duftrausch			x				75
Duftwolke			x				76
Duftzauber 84			x				76
Edelweiß	x						38
Eden Rose 85				x			93
Elina			x				76
Escapade	x						38
Estima				x			94
Europas Rosengarten		x					53
Famosa	x						38
Felicitas				x			94
Ferdy				x			94
Flammentanz						x	113
Focus			x				77
Fortuna	x						39
Freisinger Morgenröte				x			95
Freude			x				77
Friesia	x						39
Fritz Walter			x				77

Alphabetisches Sortenregister

	Beetrosen	Kleinstrauch-rosen	Edelrosen	Strauchrosen	Rosa rugosa-ähnliche Rosen	Kletterrosen	Seite
Gartenzauber 84	x						39
Gärtnerfreude		x					54
Gebrüder Grimm	x						40
Gelbe Dagmar Hastrup					x		109
Ghislaine de Feligonde				x			95
Gloria Dei			x				78
Golden Border	x						40
Golden Medaillon			x				78
Golden Showers						x	113
Goldener Sommer	x						40
Goldschatz	x						41
Graham Thomas				x			95
Grandhotel				x			95
Granny		x					54
Gütersloh		x					54
Hagenbecks Tierpark				x			96
Hamburger Deern			x				78
Hannovers Weiße				x			96
Hansa					x		109
Harlekin						x	114
Heidefeuer		x					55
Heidekönigin				x			97
Heidepark		x					55
Heideröslein Nozomi		x					55
Heidetraum		x					56
Heidi		x					56
Herz Dame			x				79
Home & Garden	x						41
Honoré de Balzac			x				79
Iga 83 München		x					56
Ilse Krohn Superior						x	114
Ingrid Bergmann			x				79
Innocencia	x						41
Johann Strauß			x				80
Kent		x					57
Kir Royal						x	114
Knirps	x						42
Königin der Rosen			x				80
Kordes Brilliant				x			97
Kronjuwel	x						42

Alphabetisches Sortenregister

	Beetrosen	Kleinstrauch-rosen	Edelrosen	Strauchrosen	Rosa rugosa-ähnliche Rosen	Kletterrosen	Seite
La Sevillana		x					57
Lady Like			x				80
Landora			x				81
Las Vegas			x				81
Lavender Dream		x					57
Lawinia						x	115
Leona		x					58
Leonardo da Vinci	x						42
Lichtkönigin Lucia				x			97
Lions-Rose	x						43
Lolita			x				81
Loredo	x						43
Madona			x				82
Magic Meidiland		x					58
Manita						x	115
Manora			x				82
Märchenkönigin			x				82
Margaret Merril			x				83
Marguerite Hilling				x			98
Marion Hess			x				83
Maxi Vita	x						43
Mazurka		x					58
Medeo		x					59
Medusa		x					59
Meillands Rose Stadt Hildesheim				x			98
Mein schöner Garten				x			98
Memoire			x				83
Mirato		x					59
Momo						x	115
Mondiale			x				84
Montana	x						44
Morning Jewel						x	116
Mozart				x			99
Nemo				x			99
Neon		x					60
New Dawn						x	116
Noack's Melissa		x					60
Nobilis			x				84
Northern Lights				x			99
Nostalgie			x				84
Osiana			x				85
Palmengarten Frankfurt		x					60
Parole			x				85

Alphabetisches Sortenregister

	Beetrosen	Kleinstrauch-rosen	Edelrosen	Strauchrosen	Rosa rugosa-ähnliche Rosen	Kletterrosen	Seite
Pastella	x						44
Pauls Scarlet Climber						x	116
Pearl Mirato		x					61
Phlox Meidiland	x						44
Pink Bassino		x					61
Pink Bells		x					61
Pink La Sevillana		x					62
Pink Meidiland				x			100
Pink Roadrunner					x		109
Pink Robusta				x			100
Pink Swany		x					62
Play Rose		x					62
Polareis					x		110
Polarstern			x				85
Porta Nigra			x				86
Postillion				x			100
Purple Meidiland	x						45
Queen Mother	x						45
Raissa				x			86
Rambling Rector						x	117
Ravenna				x			101
Ravensberg		x					63
Rebell			x				86
Red Meidiland				x			101
Red Yesterday		x					63
Ricarda	x						45
Richard Strauß		x					63
Robusta				x			101
Rödinghausen				x			102
Rody		x					64
Romanze				x			102
Rosa rugosa Foxi					x		110
Rosa rugosa Pierette					x		110
Rosali 83	x						46
Rosario				x			102
Rosarium Uetersen						x	117
Rosenprofessor Sieber	x						46
Rosenresli				x			103
Rosenstadt Freising				x			103
Roseromantic		x					64
Rote Apart					x		111

Alphabetisches Sortenregister

	Beetrosen	Kleinstrauch-rosen	Edelrosen	Strauchrosen	Rosa rugosa-ähnliche Rosen	Kletterrosen	Seite
Rote Max Graf				x			103
Rote Woge		x					64
Rotes Meer					x		111
Rotfassade						x	117
Rotilia		x					65
Roy Black			x				87
Rugelda				x			104
Rush		x					65
Salita						x	118
Santana						x	118
Saremo				x			104
Satina		x					65
Savoy Hotel			x				87
Scarlet Meidiland		x					66
Schneeflocke	x						46
Schneekönigin		x					66
Schneesturm		x					66
Schneewittchen				x			104
Schöne Dortmunderin	x						47
Sebastian Kneipp			x				87
Sila			x				88
Simply		x					67
Smart Roadrunner					x		111
Snowdance	x						47
Sommerabend				x			105
Sommerwind		x					67
Sonnenröschen	x						47
Sonnenschirm		x					67
Speelwark			x				88
Stadt Eltville	x						48
Sublime		x					68
Super Dorothy						x	119
Super Excelsa						x	119
Swany		x					68
Sympathie						x	118
Tea Time			x				88
Teutonia			x				89
The Fairy		x					68
The Queen Elizabeth Rose			x				89
Tornado	x						48
Tradition						x	119
Träumerei	x						48
Triade				x			105
Trier 2000	x						49
Venice				x			105

Alphabetisches Sortenregister

	Beetrosen	Kleinstrauch-rosen	Edelrosen	Strauchrosen	Rosa rugosa-ähnliche Rosen	Kletterrosen	Seite
Vicky	x						49
Vinesse	x						49
Violina			x				89
Vogelpark Walsrode				x			106
Weiße Immensee				x			106
Westerland				x			106
White Haze		x					69
White Meidiland		x					69
Wildfang		x					69
Windrose				x			107
Yellow Romantica				x			107
Yesterday				x			107

Bildimpressum/-nachweise

Baum: S. 111, Mitte; **BKN Strobel:** S. 36, Mitte, unten; S. 50, oben; S. 51, Mitte; S. 56, unten; S. 58, unten; S. 62, oben, unten; S. 64, unten; S. 66, oben; S. 69, Mitte; S. 73, Mitte, unten; S. 78, oben; S. 79, Mitte; S. 80, oben; S. 82, oben; S. 93, unten; S. 94, unten; S. 96, Mitte; S. 101, Mitte; S. 107, Mitte; **BSA:** S. 17; **Haslage:** S. 51, unten; S. 73, oben; S. 79, oben; S. 82, unten; S. 87, unten;S. 92, Mitte; S. 95, unten; **Hempelmann:** S. 84, Mitte; **Henseler:** S. 26, Mitte-oben; **Kordes:** S. 36, oben; S. 39, Mitte, unten; S. 42, oben; S. 43, oben; S. 48, unten; S. 49, oben; S. 60, unten; S. 72, Mitte; S. 74, Mitte; S. 76, Mitte; S. 78, unten; S. 81, Mitte, unten; S. 83, unten; S. 85, unten; S. 89, Mitte; S. 91, Mitte, unten; S. 92, oben; S. 97, Mitte, unten; S. 98, Mitte; S. 100, unten; S. 103, oben, Mitte; S. 104, oben, unten; S. 106, oben; S.115, unten; S. 118, oben; **Noack:** S. 6; S. 32, oben; S. 40, unten; S. 45, unten; S. 46, unten; S. 47, unten; S. 54, unten; S. 55, oben; S. 58, oben; S. 60, Mitte; S. 63, oben, unten; S. 89, oben; S. 96, unten; S. 99, unten; S. 102, oben; **Rosen Union:** S. 57, oben; S. 75, oben; S. 83, oben; S. 86, Mitte; S. 87, Mitte; S. 88, oben; **Schaefer:** S. 24, oben, Mitte-oben, unten; S. 26, oben, Mitte-unten, unten; S. 28; S. 30; **Spellerberg:** alle anderen Bilder; **Tantau:** S. 41, oben; S. 44, Mitte; S. 52, oben; S. 59, unten; S. 75, Mitte; S. 76. oben; S. 81, oben; S. 85, oben, unten; S.88, unten; S. 89, oben; S. 102, unten; S. 110, Mitte; **Werres:** S. 24, Mitte-unten

Bei einer Vielzahl von Sorten besteht nationaler oder internationaler Sortenschutz oder der Sortenname ist markenrechtlich geschützt.

Kompost im Garten
aid-Heft

Was darf auf den Kompost? Sind Hilfsmittel notwendig? Das Heft beantwortet alle Fragen zur Eigenkompostierung und gibt wertvolle Empfehlungen zur Kompostdüngung im Garten.
Bestell-Nr.: 5-1104
Heft, 24 Seiten

Bodenpflege, Düngung, Kompostierung
aid-Heft

Das Heft beschreibt die Pflege des Bodens im Kleingarten und die Maßnahmen zur Erhaltung und Steigerung der Bodenfruchtbarkeit. Einige Geräte und Verfahren für die Bodenbearbeitung werden vorgestellt.
Bestell-Nr.: 5-1375
Heft, 60 Seiten

Heil- und Gewürzpflanzen aus dem eigenen Garten
aid-Heft

65 Heil- und Gewürzpflanzen werden in Wort und Bild vorgestellt. Neben der Kultur im eigenen Garten werden die vielfältigen Verwendungsmöglichkeiten und verschiedene Konservierungsverfahren erklärt.
Bestell-Nr.: 5-1192
Heft, 52 Seiten

Pflanzenschutz im Garten
aid-Heft

Das Heft stellt dem Hobbygärtner die wichtigsten Pflanzenkrankheiten und Schädlinge an Nutz- und Zierpflanzen in Wort und Bild vor. Es gibt praktische Ratschläge zum Pflanzenschutz und stellt vorbeugende Maßnahmen vor.
Bestell-Nr.: 5-1162
Heft, 64 Seiten

Vom Grundstück zum Hausgarten
aid-Heft

Nach vielen Überlegungen haben Sie sich zum Bau Ihres Eigenheims entschlossen.
Bei der Planung und dem Bau des Gebäudes können Sie sich der fachkundigen Unterstützung Ihres Architekten sicher sein. Aber auch die Außenanlagen müssen wohl durchdacht sein. Hier bietet das Heft zahlreiche Tipps.
Bestell-Nr.: 5-1410
Heft, 52 Seiten

Giftige Pflanzen im Garten, Haus und öffentlichen Grün
aid-Heft

Auf schnelle und unkomplizierte Art will die Broschüre dazu beitragen, Giftpflanzen zu erkennen und diese von ähnlichen, auch ungiftigen Pflanzen zu unterscheiden. Inhaltsstoffe und Sofortmaßnahmen werden genannt sowie Bepflanzungsvorschläge gegeben.
Bestell-Nr.: 5-1395
Heft, 88 Seiten

Vogelschutz in Dorf, Feld und Wald
aid-Heft

Der beste und nachhaltigste Artenschutz ist der Biotopschutz. Einem kurzen historischen Einstieg über die Entwicklung des Vogelschutzes folgen eine allgemeine Übersicht über die verschiedenen Vogellebensräume und spezielle Problembereiche im Vogelschutz.
Bestell-Nr.: 5-1370
Heft, 44 Seiten

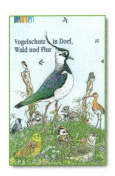

Bestellung

per Fax:* an 02225 926-118
*aus Deutschland

Kunden-Nr. (falls vorhanden) _____

Name/Vorname _____

Firma/Abt. _____

Straße/Hausnr. _____

PLZ/Ort _____

Telefon/Fax _____

E-Mail _____

www.aid-medienshop.de

aus Deutschland:
aid-Vertrieb DVG, Birkenmaarstraße 8
53340 Meckenheim
Telefon: 02225 926-146 und
02225 926-176
Telefax: 02225 926-118
E-Mail: Bestellung@aid.de

aus Österreich und Südtirol:
ÖAV, Achauerstraße 49a
2333 LEOPOLDSDORF/ÖSTERREICH
Telefon: 02235 404-482
Telefax: 02235 404-459
E-Mail: buch@agrarverlag.at

Ich (Wir) bestelle(n) zuzüglich einer Versandkostenpauschale von 3,00 EUR gegen Rechnung (Angebotsstand: Juli 2004)

Best.-Nr.	Titel	Medium	Anzahl	Einzelpreis €	Gesamtpreis €
5-1104	Kompost im Garten	Heft		1,50	
5-1375	Bodenpflege, Düngung, Kompostierung	Heft		2,50	
5-1192	Heil- u. Gewürzpflanzen aus dem eigenen Garten	Heft		2,50	
5-1162	Pflanzenschutz im Garten	Heft		2,50	
5-1410	Vom Grundstück zum Hausgarten	Heft		2,50	
5-1395	Giftige Pflanzen im Garten, Haus und öffentlichen Grün	Heft		3,50	
5-1370	Vogelschutz in Dorf, Feld und Wald	Heft		3,00	
5-8420	Kräuter aus dem eigenen Garten	Video		15,50	
5-8413	Obst & Gemüse aus dem eigenen Garten	Video		15,50	
5-1351	Welches Obst für meinen Garten?	Heft		4,50	
5-3264	aid-Medienkatalog	Heft		0,00	0,00
5-9999	aid-Neuerscheinungen	Flyer		0,00	0,00
				Auftragswert:	

☐ Ich möchte zweimal pro Jahr kostenlos den aid-Medienkatalog erhalten.*

☐ Ich möchte viermal pro Jahr kostenlos über die aid-Neuerscheinungen informiert werden.*

*Diese Zusendung kann ich jederzeit widerrufen.

Bestellungen erfolgen ausschließlich unter Einbeziehung unserer Allgemeinen Geschäftsbedingungen, die Sie im Internet unter www.aid-medienshop.de einsehen oder unserem Medienkatalog entnehmen können, den wir Ihnen auf Anforderung kostenlos zusenden. Die Informationen zum Rückgaberecht und zu den Rückgabefolgen auf Seite 135 habe ich zur Kenntnis genommen.

Datum, Unterschrift